QUESADILLAS SZAKÁCSKÖNYV MINDENNAPRA

100 FINOM ÉS KREATÍV QUESADILLA, AMIT OTTHON IS ELKÉSZÍTHET

Judit László

Minden jog fenntartva.

Jogi nyilatkozat

Az ebben az e-könyvben található információk célja, hogy átfogó stratégiák gyűjteményeként szolgáljanak, amelyekről az e-könyv szerzője kutatásokat végzett. Az összefoglalókat, stratégiákat, tippeket és trükköket csak a szerző ajánlja, és ennek az e-könyvnek az olvasása nem garantálja, hogy az eredmények pontosan tükrözik a szerző eredményeit. Az e-könyv szerzője minden ésszerű erőfeszítést megtett annak érdekében, hogy aktuális és pontos információkat nyújtson az e-könyv olvasói számára. A szerző és munkatársai nem vállalnak felelősséget az esetlegesen feltárt nem szándékos hibákért vagy hiányosságokért. Az e-könyvben található anyagok tartalmazhatnak harmadik felektől származó információkat. A harmadik felek anyagai tulajdonosaik véleményét tartalmazzák. Mint ilyen, az e-könyv szerzője nem vállal felelősséget semmilyen harmadik féltől származó anyagért vagy véleményért.

Az e-könyv szerzői joga © 2022, minden jog fenntartva. Ennek az e-könyvnek részben vagy egészben történő újraterjesztése, másolása vagy származékos munkája illegális. A jelentés egyetlen része sem reprodukálható vagy továbbítható semmilyen formában, bármilyen formában a szerző kifejezett és aláírt engedélye nélkül.

TARTALOMJEGYZÉK

TARTALOMJEGYZÉK 3
BEVEZETÉS 7
TORTILLÁK QUESADILLÁHOZ 8
    1. Kukorica tortilla 9
    2. Nixtamal 13
    3. Kék kukorica tortilla 16
    4. Sült kukoricaliszt pogácsák 18
    5. Gorditas és sopes 21
    6. Alap lisztes tortilla 25
    7. Gluténmentes lisztes tortilla 28
    8. Barna rizses tortilla 31
    9. Édesburgonyás vagy sütőtöklisztes tortilla 34
    10. Feketebab tortilla 38
    11. Barna rizses tortilla 41
    12. Vegyes szemű tortilla 44
    13. Köles és quinoa tortilla 47
    14. Lisztes tortilla 50
    15. Mandulalisztből készült tortilla 52
    16. Vegán tacos 55
    17. Koriander lisztes tortilla 58
GOMBOS QUESADILLA 61
    18. Zöld chilei gofris quesadilla 62
    19. Gofris Chorizo-sajtos Quesadilla 64
    20. Santa fe kolbász gofris quesadilla 67
REGGELI QUESADILLA 70
    21. Reggeli Quesadilla 71
    22. Sajtos poblano és bacon quesadilla 73
    23. Sajtos vega Quesadillák 76
    24. BBQ kacsa és erdei gombás quesadilla 79
    25. Gyors és furcsa Quesadillák 82
HÁZI STÍLUSÚ QUESADILLAS 84

26. Spenótos túrós quesadilla ... 85
27. Almás és sajtos quesadilla ... 88
28. Burgonya quesadilla ... 91
29. Quesadillas, Piadine és Pita szendvicsek ... 94
30. Quesadilla a sütőtök tortillán ... 97
31. Grillezett juhsajt quesadilla ... 101
32. Chile és sajtos előétel torta ... 103
33. Csirke és sajtos quesadilla ... 105
34. Garbanzo quesadillas (quesadillas de garbanzo) ... 107
35. Csípős és csípős csirke quesadilla ... 109
36. Landon quesadillái ... 112
37. Pinto bab és feta quesadilla ... 115
38. Grill quesadillák ... 118
39. Olasz quesadilla ... 121
40. Lehetetlen quesadilla pite ... 124
41. Burgonya és pirított pirospaprika quesadilla ... 126
42. Gyors csirke quesadilla ... 129
43. Sült bab és kukorica quesadilla ... 132
44. Füstölt marha szegy quesadilla ... 135

HITELES MEXIKÓI QUESADILLAS ... 137

45. Quesadilla Luchito stílus ... 138
46. Bab és sertés quesadilla ... 141
47. Krémes csirke Quesadilla ... 144
48. Tofu-Tahini zöldségpakolások ... 147
49. Dekonstruált Hummus Pitas ... 150
50. Vegán mediterrán pakolások ... 153
51. Vegán Shawarma ... 156
52. Ropogós vegán tekercsek ... 159
53. Vegán töltött káposzta tekercs ... 162
54. Vegán nori tekercs ... 165
55. Currys Tofu Pitas ... 168
56. Hummus zöldség pakolás ... 171
57. Szivárványos zöldségpakolások ... 174
58. Quesadillák salsával ... 177
59. Bab és sajtos quesadilla ... 180
60. Marha Crunch ... 183
61. Csirke pesto ... 186
62. Őszibarack és tejszínes desszert taco ... 189

63. Spenótos quesadilla..192
64. Vaddisznó kolbász quesadillas w red salsa.......................................195
65. Quesadilla lasagna..198
66. Édesburgonyás quesadilla..201
67. Paradicsomos és sajtos quesadilla..204
68. Padlizsán, lilahagyma és kecskesajtos quesadilla...........................207

DIPS..210

69. Aszalt paradicsom Spread..211
70. Hummus álmok..213
71. Quesadilla szósz / mártogatós...215
72. Rumos alma töltelék...218
73. Sütőtök töltelék...221
74. Édes mascarpone...224
75. Crème anglise...226
76. Mexikói karamell szósz...229
77. Ananász szósz..232
78. Gyümölcs pico..234
79. Az avokádó szerelem..236
80. Pimiento kenhető szendvics töltelékhez...238
81. Tofu szendvics kenhető..241
82. Vega szendvics kenhető..244
83. Indiai lencse terjed..247
84. Csicseriborsós szendvicskrém...249
85. Curry bab kenhető...251
86. Saláta szendvicsre kenhető..254
87. Tofuna szendvics kenhető...257
88. Koriander szósz...259
89. Mexikói zöld sofrito..262
90. Mexikói stílusú sertésdörzsölő..265
91. Növényi mártogatós..267
92. Vallarta mártogatós...269
93. Friss fűszernövényes paradicsom-kukorica salsa.........................272
94. Fehér bab Guacamole..274
95. Édes-savanyú sült paprika..276
96. Chutney-curry mustár...279
97. Mustár medvehagymával és metélőhagymával.............................281
98. Friss gyömbér mustár...283
99. Napfényes mustár citrusokkal...285

KÖVETKEZTETÉS..287

BEVEZETÉS

A quesadilla egy mexikói étel, amely tortillából áll, amelyet elsősorban sajttal, néha húsokkal, fűszerekkel és egyéb töltelékekkel töltenek meg, majd serpenyőn vagy tűzhelyen főznek. Hagyományosan kukorica tortillát használnak, de elkészíthető lisztes tortillával is.

Egy teljes quesadillát két tortillával készítenek, amelyek között egy réteg sajt van. A fele egyetlen tortilla, amelyet sajttal töltöttek meg és félhold alakúra hajtogattak.

A quesadilla eredete a gyarmati Mexikóból származik. A quesadilla mint étel sok éven át változott és fejlődött, ahogy az emberek különféle változataival kísérleteztek.

A quesadillát gyakran árulják a mexikói éttermekben szerte a világon.

TORTILLÁK QUESADILLÁHOZ

1. Kukorica tortilla

12 tortilla készíthető belőle

ÖSSZETEVŐK

2 csésze (240 g) masa harina, fehér vagy sárga

2-3 evőkanál (16-24 g) univerzális, fehérítetlen vagy (18-27 g) gluténmentes liszt (opcionális)

1/2 teáskanál só

11/4-11/3 csésze (285-315 ml) meleg víz (szükség szerint több) vagy ízesített folyadék

ÚTVONALAK

Egy közepes tálban keverjük össze a masszát és a lisztet, ha használunk, és a sót.

Fokozatosan adjuk hozzá a vizet, és fakanállal vagy spatulával és kézzel addig keverjük, amíg a hozzávalók jól össze nem keverednek. 20-30 másodpercig gyúrjuk, amíg a tészta rugalmas lesz. A tésztának elég nedvesnek kell lennie ahhoz, hogy összetartson. Adjon hozzá további meleg vizet, 1 evőkanál (15 ml) egyszerre, ha szükséges.

Osszuk el a tésztát 12 golflabda méretű gömbre, kézzel formázzuk. Helyezzen minden tésztagolyót egy tálba, és fedje le nedves törülközővel, hogy nedves maradjon.

Mindegyik tésztagolyót kézi tortillanyomóval vagy sodrófával nyomjuk meg vagy görgessük meg, és süssük meg 2 forró sütőlapon vagy rácson. Vagy nyomja meg és pirítsa meg elektromos tortillaprés/pirítógép segítségével.

.Mandulalisztből készült tortilla

Főzési idő: 5 perc

Adagok: 8

ÖSSZETEVŐK

100 g őrölt blansírozott mandulaliszt

4 evőkanál kókuszliszt

1 teáskanál xantángumi

1 teáskanál sütőpor

1/2 teáskanál só

1 tojás, szobahőmérsékleten, felverve

4 evőkanál langyos víz

ÚTVONALAK

1. Adja hozzá a tojást, a mandulalisztet, a kókuszlisztet, a xantángumit, a sütőport, a sót és a vizet egy turmixgépbe, és keverje össze.

2. Bélelje ki a tortillanyomó mindkét oldalát sütőpapírral vagy Ziploc zacskóval. Formázz a tésztából golyókat, tedd egyenként a tortillaprésbe. Nyomd ki a tortillákat.

3. Melegítsen elő egy öntöttvasat közepes lángon. Adja hozzá egyenként a tortillákat és süsse oldalanként körülbelül 15-20 másodpercig.

2. Nixtamal

2 font (910 g) nixtamal vagy masa, körülbelül 16 tortilla

ÖSSZETEVŐK

2 csésze (448 g) szárított horpadt kukorica (lásd az oldalsávot), leöblítve és lecsepegtetve

2 evőkanál (12 g) kalcium-hidroxid, más néven „cal" (oltott vagy savanyú mész)

6 csésze (1,4 l) langyos víz

1 teáskanál só

ÚTVONALAK

1. Egy nagy serpenyőben, lassú tűzön keverje össze a kukoricát, a kalit és a vizet. Forraljuk fel, körülbelül 30-45 percig. A víznek lassan kell felmelegednie. Amint a víz felforr, kapcsolja le a tüzet, és hagyja állni egy éjszakán át, 18-24 órán át szobahőmérsékleten.

2. A beáztatott kukoricát egy nagy szűrőedényben leszűrjük. Jól öblítse le hideg vízzel.

3. Töltsön meg egy mély tálat vagy egy nagy serpenyőt hideg vízzel. Adjuk hozzá a beáztatott kukoricát. A kezével dörzsölje be a kukoricát a vízbe, és távolítsa el a héját. Öntse le a vizet, hogy eltávolítsa az esetleges lebegő hajótesteket. Töltse fel vízzel, hogy ellepje a kukoricát, dörzsölje be a kukoricát, és öntse le a vizet. Ismételje meg 7-10 alkalommal a kukorica hámozásához. Ha a víz tiszta vagy közel tiszta, a küldetés teljesítve. Ne ürítse ki utoljára. Ezen a ponton van posole. A Posole-t mexikói pörköltekhez használják.

4. Masához: A hántolt kukoricát sima, finom textúrájú tésztává (nixtamal) őröljük kézi vagy elektromos darálóval, metateával vagy konyhai robotgéppel.

5. Ha konyhai robotgéppel szeretné elkészíteni a masszát, egy lyukas kanál segítségével engedje le a felesleges folyadék felét, és tegye a beáztatott kukorica felét a pengével ellátott munkatálba. Pulzáljon 10-15-ször. Hozzáadjuk a maradék kukoricát, és 10-15-ször pulóverezzük. Adjon hozzá 1-2 evőkanál (15-28 ml) vizet a kukoricából. Pulzáljon még 8-10-szer. A pulzálások között szükség szerint kaparja ki a tálat. Adjon hozzá még 1-2 evőkanál (15-28 ml) vizet és sót. Addig pörgesse, amíg tészta nem kezd képződni.

6. Deszkára borítjuk, párszor átgyúrjuk, és golyóvá formáljuk. Csomagolja be műanyaggal, és hagyja 30 percig dermedni. Vágd 42 g-os darabokra, és formálj belőle 16 golyót.

7. Minden tésztagolyót tortillanyomóval nyomkodjunk.

8. Forró kómon vagy rácson sütjük.

9. Vagy nyomja meg és pirítsa meg elektromos tortillaprés/pirítógép segítségével.

10. Tartsa melegen, amíg az összes tésztát el nem használja.

3. Kék kukorica tortilla

12 tortilla készíthető belőle

ÖSSZETEVŐK

2 csésze (240 g) kékkukorica masa harina

2-3 evőkanál (16-24 g) univerzális, fehérítetlen vagy (18-27 g) gluténmentes liszt (opcionális)

1/2 teáskanál só

11/4-11/3 csésze (285-315 ml) meleg víz (szükség szerint több)

ÚTVONALAK

1 Egy közepes tálban keverje össze a masszát és a lisztet, ha használ, és a sót.

2 Adjuk hozzá a vizet. Fakanállal vagy spatulával és kézzel addig keverjük, amíg az összes hozzávaló jól el nem keveredik. 20-30 másodpercig gyúrjuk, amíg a tészta rugalmas lesz. A tésztának elég nedvesnek kell lennie ahhoz, hogy összetartson. Adjon hozzá meleg vizet, 1 evőkanál (15 ml) egyszerre, ha szükséges.

3 Osszuk el a tésztát 12 golflabda méretű gömbre, kézzel formázzuk. Helyezzen minden tésztagolyót egy tálba, és fedje le nedves törülközővel, hogy nedves maradjon.

4 Minden tésztagolyót kézi tortillanyomóval vagy sodrófával nyomjon meg vagy görgessen meg, és forró sütőben vagy rácson süsse meg. Vagy nyomja meg és pirítsa meg elektromos tortillaprés/pirítógép segítségével.

5 Tartsa melegen, amíg az egész tésztát el nem használja.

4. Sült kukoricaliszt pogácsák

4 adagot készít

ÖSSZETEVŐK

2 csésze (240 g) sárga, fehér vagy kék kukoricadara

1 teáskanál só

1 csésze (235 ml) forrásban lévő víz

Olaj a sütéshez

ÚTVONALAK

1 Egy nagy keverőtálban keverje össze a kukoricalisztet és a sót. Fokozatosan hozzákeverjük a forrásban lévő vizet. A tésztának elég nedvesnek kell lennie ahhoz, hogy megtartsa a formát, de ne legyen túl lágy. Hagyja a tésztát annyira lehűlni, hogy kezelni tudja, körülbelül 5 percig.

2 Oszd el a tésztát 12 golflabda méretű gömbre, és formázd meg kézzel.

3 Kezével lapítson ki minden tésztagolyót 13 mm (1/2 hüvelyk) vastagságú pogácsává. Amíg az olaj melegszik, takarjuk le a pogácsákat egy nedves törülközővel.

4 Melegítsen fel 13 mm-es olajat egy elektromos serpenyőben 190 °C-ra, vagy használjon erős serpenyőt közepesen magas hőfokon és egy cukorka/sütés hőmérőt.

5 Egy hasított spatulával óvatosan csúsztasson 2-3 kukoricaliszt pogácsát a forró olajba. Süssük az egyik oldalát aranybarnára, 3-5 percig. Megfordítjuk és mindkét oldalukat aranybarnára sütjük, további 3 percig.

6 Papírtörlőn lecsepegtetjük. Tartsd melegen. Addig ismételjük, amíg az összes pogácsát meg nem sütjük.

7 Tálaláskor hevíts fel 13 mm olajat egy erős serpenyőben közepesen magas hőfokon 190 °C-ra. Helyezze a pogácsákat lapos oldalukkal lefelé a forró olajba, és enyhén süsse ropogósra és aranybarnára, mindkét oldalukon körülbelül 1 percig. Kivesszük az olajból, papírtörlőn lecsepegtetjük, és melegen tartjuk. Addig ismételjük, amíg az összes pogácsát meg nem sütjük.

5. Gorditas és sopes

12 gorditát vagy sopest készít

ÖSSZETEVŐK

2 csésze (240 g) masa harina

1 teáskanál só

1 teáskanál normál vagy gluténmentes sütőpor (sopesnél hagyd)

11/2 (355 ml) csésze víz

1/2 csésze (103 g) disznózsír vagy növényi zsír, vagy 1/3 csésze (80 ml) növényi olaj vagy (75 g) szilárd kókuszolaj

Növényi olaj, bors sütéséhez

ÚTVONALAK

1 Közepes lángon melegítsen elő egy komót vagy rácsot 180 °C-ra, vagy a gyártó utasításai szerint, ha elektromos prést/pirítót használ.

2 Egy nagy keverőtálban keverje össze a masszát, a sót és a sütőport (ha gorditához használja), habverővel vagy kevergetve, hogy jól elkeveredjen.

3 Egy kis serpenyőben, közepes lángon keverje össze a vizet és a zsírt vagy az olajat. Melegítsük fel, hogy a disznózsír megolvadjon. Tedd félre a tűzről, hogy langyosra hűljön, mielőtt összekevered a száraz hozzávalókkal

4 Fokozatosan adjuk hozzá a langyos folyadékot a száraz hozzávalókhoz, és dagasszuk körülbelül 3 percig. A tésztának

Play-Doh állagúnak kell lennie, képlékenynek és simanak kell lennie, de kellően rugalmas ahhoz, hogy megtartsa a formát.

5. Osszuk el a tésztát 12 golflabda méretű körre.

GORDITASZ SZÁMÁRA

1 Kézzel vagy prés segítségével formázz a golyókból 13 mm vastag, körülbelül 10 cm átmérőjű pogácsákat vagy gorditákat. A kiszáradás megelőzése érdekében nedves törülközővel letakarjuk. (A kézi prés vagy elektromos prés/rács használatának részleteit lásd itt. Ne nyomja olyan vékonyra, mint a tortillánál.)

2 Enyhén olajozza meg az előmelegített comalt vagy a rácsot.

3 Közepes lángon, összesen 10-12 percig pirítsuk a goditákat, szükség szerint fordítsuk meg, nehogy túlbarnuljanak. Főzés közben kissé fel kell puffadniuk. A Gorditasnak lassan kell főznie, hogy a belseje ne legyen túl tésztás. A külső részén világosbarna foltoknak kell lenniük.

4 Hagyja hűlni körülbelül 5 percig a könnyebb kezelés érdekében. Simán vagy késsel kettévágva tálaljuk (mint a pitát vagy az angol muffint).

SOPES SZÁMÁRA

1 Ismételje meg az előző oldalon található 1–5. utasításokat.

2 Kézzel vagy elektromos prés segítségével formázz a golyókból 12 (1/3 hüvelyk [8 mm] vastagságú) pogácsát vagy pogácsát. A kiszáradás megelőzése érdekében nedves törülközővel letakarjuk. (A kézi prés vagy elektromos prés/rács

használatának részleteit lásd itt.) Ne nyomja olyan vékonyra, mint a tortillánál. A talpak átmérője körülbelül 4 hüvelyk (10 cm).

3 Enyhén olajozza meg az előmelegített comalt vagy a rácsot.

4. Helyezzen minden egyes pácot az olajozott, előmelegített sütőlapra vagy rácsra, és főzze körülbelül 1 percig, vagy amíg a tészta meg nem kezd dermedni. Ne süssük túl, különben a tészta kiszárad és megreped. Fordítsa meg és süsse további 20-30 másodpercig.

5 Egy spatula segítségével távolítsa el a félig megfőtt sopát a rácsról. Fedjük le a tortillákat száraz konyharuhával, és hűtsük le 30-45 másodpercig, vagy amíg eléggé kihűlnek ahhoz, hogy óvatosan kezeljük. Gyorsan – még mielőtt túlságosan kihűlnének – fordítsa fel a széleket, hogy egy fanyar kéreghez hasonló ajkát képezzen a töltelék megtartásához. Fedjük le száraz törülközővel, és ismételjük meg a műveletet, amíg az összes sope meg nem sül és formára nem válik. Ezt legfeljebb 3 vagy 4 órával előre meg lehet tenni.

6 Tálaláskor hevíts fel 13 mm olajat egy erős serpenyőben közepes-magas lángon 190 °C-ra. Tegye a sopokat lapos felükkel lefelé a forró olajba, és enyhén süsse ropogósra és aranybarnára, körülbelül 1 percig mindkét oldalukon. Kivesszük az olajból, papírtörlőn lecsepegtetjük, és melegen tartjuk. Addig ismételjük, amíg az összes leves meg nem sül.

6. Alap lisztes tortilla

12 (6 hüvelykes [15 cm]) tortillát készít

ÖSSZETEVŐK

2 csésze (250 g) univerzális fehér liszt, (240 g) fehérítetlen liszt vagy (240 g) finomra őrölt teljes kiőrlésű liszt (vagy kombinációja)

1 teáskanál sütőpor (elhagyható)

1 teáskanál só

1/2 csésze (103 g) szilárd disznózsír vagy zöldségzsír vagy 1/3 csésze (68 g) friss disznózsír, (80 ml) növényi, kukorica- vagy olívaolaj (vagy kívánt) vagy (75 g) szilárd kókuszolaj

1 csésze (235 ml) forró víz (itt az ízesített lisztes tortilla elkészítéséhez látható)

ÚTVONALAK

1 Egy nagy tálban keverjük össze a lisztet, a sütőport és a sót. Pogácsaszaggatóval vagy pengével ellátott konyhai robotgép munkatáljával vágja bele a disznózsírt, amíg a keverék durva morzsára nem hasonlít. Ha a keverék túl száraznak tűnik, szükség szerint adjon hozzá további zsiradékot vagy zsírt.

2 Lassan adjuk hozzá a forró vizet, kevergetve vagy lüktetve, hogy tésztagolyót formázzon. A tálban lévő tésztát 30-szor vagy szükség szerint gyúrjuk gyengéden, hogy rugalmas, nem ragadós tésztát kapjunk. Vagy vegyük ki a tésztát a robotgép edényéből, és enyhén lisztezett deszkán gyúrjuk át.

3 A meggyúrt tésztát tálba vagy cukrászdeszkára helyezzük. Tiszta konyharuhával letakarjuk és 1 órát pihentetjük. Ez egy jó megállóhely, ha később friss tortillát szeretne felszolgálni. A tészta 4-6 órát pihenhet, ha szorosan letakarja egy műanyag fóliával és egy törülközővel, hogy megakadályozza a kiszáradást. Ne hűtsük le.

4 Csípje le a darabokat, és formázz a tésztából 12 egyforma méretű golyót. Takarjuk le tiszta konyharuhával, és hagyjuk még 20-30 percig pihenni.

5. Amikor eljött a tortilla elkészítésének ideje, sodrófa segítségével minden tésztagolyót nagyon vékonyra (nem vastagabbra, mint egy könyv kemény fedele, vékonyabbra, ha lehet) sodorjon. Egy tál szélére terítjük, és törülközővel letakarva tartsuk minden tortillát kinyújtva.

6. Forró kómában vagy rácson főzzük. Vagy nyomja meg és pirítsa meg elektromos tortillaprés/pirítógép segítségével.

7 Tartsa melegen, amíg az egész tésztát el nem használja.

7. Gluténmentes lisztes tortilla

12 (6 hüvelykes [15 cm]) tortillát készít

ÖSSZETEVŐK

2 csésze (272 g) gluténmentes liszt

1 teáskanál gluténmentes sütőpor (elhagyható)

1 teáskanál só

1/2 csésze (103 g) disznózsír vagy növényi zsír, vagy 1/3 csésze (68 g) friss disznózsír, (80 ml) növényi, kukorica, olíva (vagy kívánt) olaj vagy (75 g) szilárd kókuszolaj

1 csésze (235 ml) forró víz

ÚTVONALAK

1 Egy nagy tálban keverjük össze a lisztet, a sütőport és a sót. Pogácsaszaggatóval vagy pengével ellátott konyhai robotgép munkatáljával vágja bele a disznózsírt, amíg a keverék durva morzsára nem hasonlít. Ha a keverék túl száraznak tűnik, szükség szerint adjon hozzá további zsiradékot vagy zsírt.

2 Lassan adjuk hozzá a forró vizet, kevergetve vagy lüktetve, hogy tésztagolyót formázzon. A tálban lévő tésztát 30-szor vagy szükség szerint gyúrjuk gyengéden, hogy rugalmas, nem ragadós tésztát kapjunk. Vagy vegyük ki a tésztát a robotgép edényéből, és enyhén lisztezett deszkán gyúrjuk át.

3 A meggyúrt tésztát tálba vagy cukrászdeszkára helyezzük. Tiszta konyharuhával letakarjuk és 1 órát pihentetjük. Ez egy jó megállóhely, ha később friss tortillát szeretne felszolgálni. A tészta 4-6 órát pihenhet, ha szorosan letakarja egy műanyag

fóliával és egy törülközővel, hogy megakadályozza a kiszáradást. Ne hűtsük le.

4 Csípje le a darabokat, és formázz a tésztából 12 egyforma méretű golyót. Takarjuk le tiszta konyharuhával, és hagyjuk még 20-30 percig pihenni.

5. Amikor eljött a tortilla elkészítésének ideje, sodrófa segítségével minden tésztagolyót nagyon vékonyra (nem vastagabbra, mint egy könyv kemény fedele, vékonyabbra, ha lehet) sodorjon. Egy tál szélére terítjük, és törülközővel letakarva tartsuk minden tortillát kinyújtva.

6. Forró kómában vagy rácson főzzük. Vagy nyomja meg és pirítsa meg elektromos tortillaprés/pirítógép segítségével.

7 Tartsa melegen, amíg az egész tésztát el nem használja.

8. Barna rizses tortilla

12 (6 hüvelykes [15 cm]) tortillát készít

ÖSSZETEVŐK

11/2 csésze (240 g) barna rizsliszt

1/2 csésze (60 g) tápióka liszt

1/2 teáskanál só

1 csésze (235 ml) forrásban lévő víz

Választott növényi olaj

ÚTVONALAK

1 Egy közepes keverőtálban keverje össze a barnarizst és a tápiókalisztet és a sót.

2 Fakanállal fokozatosan hozzákeverjük a forrásban lévő vizet, hogy tésztát kapjunk. Gyúrjuk át a tésztát a tálban 20-szor. Adjon hozzá vizet, 1 evőkanál (15 ml) egyszerre, ha a tészta túl száraznak tűnik.

3 Fedjük le egy nedves törülközővel, és hagyjuk 10 percig pihenni.

4 Csípje le a darabokat, és formázz a tésztából 12 egyforma méretű golyót. Nedves konyharuhával letakarjuk.

5 Minden tésztagolyót sodrófával nagyon vékonyra (nem vastagabbra, mint egy könyv keményfedeles, vékonyabbra, ha lehet) sodorja. Vagy nyomja meg kézi tortillapréssel. Fedjük le egy tál oldalát, és tartsuk letakarva nedves törülközővel, miközben minden tortillát kinyújtunk vagy nyomunk.

6. Melegítsen fel egy kólát vagy serpenyőt közepesen magas lángon. Amikor a serpenyő elég forró ahhoz, hogy néhány csepp víz „táncoljon" és azonnal elpárologjon, bőségesen kenjük be a forró felületet növényi olajjal. Süssük a tortillákat mindkét oldalukon 1-2 percig, amíg világosbarna foltok jelennek meg. Ismételje meg, szükség szerint adjon hozzá több olajat, amíg az összes tortilla meg nem fő.

7 Tartsa melegen, amíg az egész tésztát el nem használja.

8 Amikor az összes tortilla megsült, tartsa egy tortillamelegítőben, vagy rakja két tányér közé. Hagyjuk ülni és pároljuk körülbelül 10 percig, így puhák és rugalmasak lesznek.

Felhasználási javaslatok: Huevos Rancheros zöld posole-val, grillezett vagy pirított zöldségekkel töltött Quesadillák és sült chili.

9. Édesburgonyás vagy sütőtöklisztes tortilla

12 (6 hüvelykes [15 cm]) tortillát készít

ÖSSZETEVŐK

2 csésze (250 g) univerzális fehér liszt, (240 g) fehérítetlen liszt vagy (240 g) finomra őrölt teljes kiőrlésű liszt (vagy ezek kombinációja)

3 teáskanál (14 g) sütőpor

1 teáskanál só

1/2 csésze (103 g) disznózsír vagy növényi zsír, vagy 1/3 csésze (80 ml) növényi, kukorica vagy olíva (vagy kívánt) olaj, vagy (75 g) szilárd kókuszolaj

3/4 csésze (246 g) édesburgonyapüré (konzerv vagy friss) vagy (184 g) sütőtökpüré (konzerv vagy friss)

ÚTVONALAK

1/2 csésze (120 ml) forró víz, plusz szükség szerint

1 Egy nagy tálban keverjük össze a lisztet, a sütőport és a sót.

2 Egy turmixgép, villa vagy két kés segítségével keverje hozzá a zsírt vagy a zsírt, amíg a liszt durva morzsának nem tűnik.

3. Fokozatosan adjuk hozzá az édesburgonyát vagy a sütőtököt és a forró vizet, fakanállal kevergetve tésztagolyót formázunk.

4 Ha a tésztát pengével ellátott konyhai robotgéppel szeretné elkészíteni, keverje össze a száraz hozzávalókat a munkatálban.

Hozzáadjuk a disznózsírt, és addig keverjük, amíg a keverék durva morzsára nem hasonlít. Ha a keverék túl száraznak tűnik, szükség szerint adjon hozzá további zsiradékot vagy zsírt. Fokozatosan adjuk hozzá az édesburgonyát vagy a sütőtököt és a vizet, lüktetve tésztagolyót formázunk.

5 Ha a tészta elkészült, gyúrja gyengéden a tésztát a tálban 30-szor vagy szükség szerint, hogy rugalmas, nem ragadós tésztát formázzon. Vagy vegyük ki a tésztát a robotgép edényéből, és gyúrjuk át enyhén lisztezett deszkán a fentiek szerint. Ha túl ragacsos a tészta, szükség szerint adjunk hozzá további lisztet.

6 A meggyúrt tésztát tálba vagy cukrászdeszkára helyezzük. Tiszta konyharuhával letakarjuk és 1 órát pihentetjük. Ez egy jó megállóhely, ha később friss tortillát szeretne felszolgálni. A tészta akár 4-6 órát is pihenhet, ha szorosan letakarja egy műanyag fóliával és egy törülközővel, hogy megakadályozza a kiszáradást. Ne hűtsük le.

7. Csípje le a darabokat, és formázz a tésztából 12 egyforma méretű golyót. Takarjuk le tiszta konyharuhával, és hagyjuk még 20-30 percig pihenni.

8. Amikor eljött a tortilla elkészítésének ideje, sodrófa segítségével minden tésztagolyót nagyon vékonyra (nem vastagabbra, mint egy könyv keményfedele, vékonyabbra, ha lehet). Egy tál szélére terítjük, és törülközővel letakarva tartsuk minden tortillát kinyújtva.

9. Forrón főzzük egy tálban vagy serpenyőben. Vagy nyomja meg és pirítsa meg elektromos tortillaprés/pirítógép segítségével.

10. Feketebab tortilla

12 (6 hüvelykes [15 cm]) tortillát készít

ÖSSZETEVŐK

1/3 csésze (47 g) feketebabliszt

1/2 csésze (64 g) kukoricakeményítő

2 evőkanál (16 g) tápiókaliszt

1/2 teáskanál só

2 tojás, enyhén felverve

11/2 csésze (355 ml) víz

Szükség szerint növényi olaj spray

ÚTVONALAK

1 Egy közepes tálban keverje össze a feketebablisztet, a kukoricakeményítőt, a tápiókalisztet és a sót.

2 Habverővel verje hozzá a tojást és a vizet, amíg csomómentes nem lesz. A tészta nagyon vékony lesz. 25-30 percre félretesszük, hogy besűrűsödjön.

3 Melegítsen elő egy 6 vagy 8 hüvelykes (15-20 cm) krepptálat 190 °C-ra. A tapadásmentes felületű serpenyő előnyösebb. Vagy enyhén vonja be a serpenyő alját és oldalát főzőpermettel a tortilla elkészítése előtt.

4 Amikor a serpenyőt előmelegítették, öntsön 1/4 csésze (60 ml) tésztát a serpenyőbe, és forgassa meg, hogy a tészta egyenletesen eloszlassa, és kerek, vékony tortillát készítsen. 45 másodperctől 1 percig főzzük, vagy amíg a tészta megszilárdul.

5 Egy spatula segítségével fordítsa meg a tortillát annyira, hogy a másik oldala is világosbarnára süljön. Távolítsuk el egy viaszpapírra. Folytassa a maradék tésztával, és válasszon el minden tortillát viaszpapírral. Tálalásig tartsa melegen.

Javasolt felhasználási mód: Tekerjük, mint a lisztes tortilla „palacsintát" rántottával töltve és új-mexikói vörös chilei szósszal.

11. Barna rizses tortilla

12 (6 hüvelykes [15 cm]) tortillát készít

ÖSSZETEVŐK

11/2 csésze (240 g) barna rizsliszt

1/2 csésze (60 g) tápióka liszt

1/2 teáskanál só

1 csésze (235 ml) forrásban lévő víz

Választott növényi olaj

ÚTVONALAK

1 Egy közepes keverőtálban keverje össze a barnarizst és a tápiókalisztet és a sót.

2 Fakanállal fokozatosan hozzákeverjük a forrásban lévő vizet, hogy tésztát kapjunk. Gyúrjuk át a tésztát a tálban 20-szor. Adjon hozzá vizet, 1 evőkanál (15 ml) egyszerre, ha a tészta túl száraznak tűnik.

3 Fedjük le egy nedves törülközővel, és hagyjuk 10 percig pihenni.

4 Csípje le a darabokat, és formázz a tésztából 12 egyforma méretű golyót. Nedves konyharuhával letakarjuk.

5 Minden tésztagolyót sodrófával nagyon vékonyra (nem vastagabbra, mint egy könyv keményfedeles, vékonyabbra, ha lehet) sodorja. Vagy nyomja meg kézi tortillapréssel. Fedjük le

egy tál oldalát, és tartsuk letakarva nedves törülközővel, miközben minden tortillát kinyújtunk vagy nyomunk.

6. Melegítsen fel egy kólát vagy serpenyőt közepesen magas lángon. Amikor a serpenyő elég forró ahhoz, hogy néhány csepp víz „táncoljon" és azonnal elpárologjon, bőségesen kenjük be a forró felületet növényi olajjal. Süssük a tortillákat mindkét oldalukon 1-2 percig, amíg világosbarna foltok jelennek meg. Ismételje meg, szükség szerint adjon hozzá több olajat, amíg az összes tortilla meg nem fő.

7 Tartsa melegen, amíg az egész tésztát el nem használja.

8 Amikor az összes tortilla megsült, tartsa egy tortillamelegítőben, vagy rakja két tányér közé. Hagyjuk ülni és pároljuk körülbelül 10 percig, így puhák és rugalmasak lesznek.

12. Vegyes szemű tortilla

12 tortilla készíthető belőle

ÖSSZETEVŐK

2/3 csésze (80 g) tápióka liszt

2/3 csésze (107 g) rizsliszt

1/3 csésze (45 g) cirokliszt

1/3 csésze (40 g) hajdinaliszt

1/2 teáskanál gluténmentes sütőpor

3/4 teáskanál xantángumi

1 csésze (235 ml) forró víz

1/3 csésze (68 g) édes rizsliszt, vagy szükség szerint

Választott növényi olaj

ÚTVONALAK

1 Egy nagy tálban keverje össze a tápióka-, rizs-, cirok- és hajdinalisztet, a sütőport és a xantángumit.

2 Fakanállal fokozatosan hozzákeverjük a forró vizet, és addig keverjük, amíg tészta nem lesz. Ha a tészta túl ragadós ahhoz, hogy golyót formázzon, evőkanállal adjon hozzá édes rizslisztet (13 g), hogy puha, nem ragadós tésztát kapjon, amely megtartja az alakját.

3 Osszuk a tésztát 12 egyenlő méretű részre. Dobj golflabda méretű gömböket. Tegyük vissza a tálba, és fedjük le egy nedves törülközővel.

4 A hengerfelületet és a tésztagolyót enyhén szórjuk meg rizsliszttel. Minden tésztagolyót sodrófával nagyon vékonyra (nem vastagabbra, mint egy könyv keményfedele, vékonyabbra, ha lehet) görgessünk. Vagy nyomja meg kézi tortillapréssel.

5. Melegítsen fel egy kólát vagy serpenyőt közepesen magas lángon. Amikor a serpenyő elég forró ahhoz, hogy néhány csepp víz „táncoljon" és azonnal elpárologjon, bőségesen kenjük be a forró felületet növényi olajjal.

6. Amikor az olaj forró, csúsztassa be az egyik tortillát. Mozgassa meg, hogy az alját olajjal vonja be; fordítsa meg és mozgassa, hogy bevonja azt az oldalt.

7. Főzzük, amíg a tortilla barnulni kezd, körülbelül 2-3 percig. Fordítsa meg és süsse, amíg a másik oldala is barnulni kezd, további 3-4 percig. Adjon hozzá további olajat, ha szükséges a maradék tortilla elkészítéséhez.

8 Papírtörlőn lecsepegtetjük, és melegen tartjuk, amíg az egész tésztát el nem használjuk.

13. Köles és quinoa tortilla

12 tortilla készíthető belőle

ÖSSZETEVŐK

1/2 csésze (60 g) kölesliszt

1/2 csésze (56 g) quinoa liszt

1 csésze (120 g) tápióka liszt

1 teáskanál gluténmentes sütőpor

1 teáskanál xantángumi

1 teáskanál só

1 evőkanál (20 g) méz vagy agave szirup

1/2 csésze (120 g) meleg víz

4 evőkanál (103 g) zsír vagy zsír

ÚTVONALAK

1 Egy elektromos keverőtálban vagy bármilyen közepes méretű tálban keverje össze a köles-, quinoa- és tápiókalisztet, a sütőport, a xantángumit és a sót. Használjon elektromos keverőt alacsony sebességen, vagy habverővel kézzel keverje össze a száraz hozzávalókat

2 Ha elektromos keverőt használ, adjuk hozzá a mézet vagy agávét, a meleg vizet és a zsírt vagy a zsírt, és addig keverjük, amíg a habverők körül tészta nem keletkezik. Keverje össze a

tésztát közepes sebességgel további percig. Vagy ha kézzel készíti, fakanállal keverje hozzá a nedves hozzávalókat, és keverje össze, hogy puha golyót formázzon. 10-20-szor gyúrjuk. A tészta enyhén ragacsos és rugalmas lesz.

3 Csomagolja be szorosan a tésztát műanyag fóliába, és hűtse 30-45 percig.

4 Kihűlés után osszuk el a tésztát 12 egyenlő részre, és formázzuk mindegyikből golyót. Tegye vissza a tálba, és fedje le nedves törülközővel, hogy megakadályozza a kiszáradást.

5 Minden tésztagolyót sodrófával nagyon vékonyra (nem vastagabbra, mint egy könyv keményfedeles, vékonyabbra, ha lehet) sodorja. Vagy nyomja meg kézi tortillapréssel. Fedjük le egy tál oldalát, és tartsuk letakarva nedves törülközővel, miközben minden tortillát kinyújtunk vagy nyomunk.

6. Melegítsen fel egy kólát vagy serpenyőt közepesen magas lángon. Amikor a serpenyő elég forró ahhoz, hogy néhány csepp víz „táncoljon" és azonnal elpárologjon, bőségesen kenjük be a forró felületet növényi olajjal. A tortillákat mindkét oldalon 1-2 percig sütjük. Ismételje meg, szükség szerint adjon hozzá több olajat, amíg az összes tortilla meg nem fő.

7 Tartsa melegen, amíg az egész tésztát el nem használja.

8 Amikor az összes tortilla megsült, tartsa egy tortillamelegítőben, vagy rakja két tányér közé. Hagyjuk ülni és pároljuk körülbelül 10 percig, így puhák és rugalmasak lesznek.

14. Lisztes tortilla

Főzési idő: 5 perc

Adagok: 10-13

ÖSSZETEVŐK

450 g univerzális liszt

3 evőkanál hideg zöldségleves

1 teáskanál só

2 teáskanál sütőpor

375 ml víz

ÚTVONALAK

1.Egy tálban összekeverjük a lisztet, a sót, a sütőport és a zöldségleveset. Jól keverjük össze a kezünkkel, amíg minden el nem keveredik.

2.Lassan vizet adunk hozzá és kézzel összegyúrjuk a tésztát.. A lisztnek fel kell szívnia a folyadékot, sima tésztát kell kapnia..

3.A tésztából golyókat formázunk, egyenként a tortillaprésbe tesszük. Nyomjuk meg a tortillákat.

Egy öntöttvas serpenyőt közepes lángon előmelegítünk. Egyenként hozzáadjuk a tortillákat, és oldalanként kb. 30-40 másodpercig sütjük.

15. Mandulalisztből készült tortilla

Főzési idő: 5 perc

Adagok: 8

ÖSSZETEVŐK

100 g őrölt blansírozott mandulaliszt

4 evőkanál kókuszliszt

1 teáskanál xantángumi

1 teáskanál sütőpor

1/2 teáskanál só

1 tojás, szobahőmérsékleten, felverve

4 evőkanál langyos víz

ÚTVONALAK

1. Adja hozzá a tojást, a mandulalisztet, a kókuszlisztet, a xantángumit, a sütőport, a sót és a vizet egy turmixgépbe, és keverje össze.

2. Bélelje ki a tortillanyomó mindkét oldalát sütőpapírral vagy Ziploc zacskóval. Formázz a tésztából golyókat, tedd egyenként a tortillaprésbe. Nyomd ki a tortillákat.

3.Melegítsen elő egy öntöttvasat közepes lángon. Adja hozzá egyenként a tortillákat és süsse oldalanként körülbelül 15-20 másodpercig.

16. Vegán tacos

Főzési idő: 15 perc

Adagok: 6

ÖSSZETEVŐK

260 g masa harina tortillához

250 ml forró víz

2 evőkanál víz, szobahőmérsékleten

ÚTVONALAK

1.Egy tálban keverjük össze a masa harinát és a forró vizet. Fedjük le és hagyjuk pihenni kb. 30 percig.

2.A tésztát szobahőmérsékletű víz hozzáadásával gyúrjuk.. Gyúrjuk addig, amíg sima tésztát nem kapunk..

3.Bélelje ki a tortillanyomó mindkét oldalát sütőpapírral vagy Ziploc zacskókkal. Formázz a tésztából golyókat, tedd egyenként a tortillanyomóba. Nyomd ki a tortillákat.

4.Melegítsen elő egy öntöttvasat közepes lángon. Adja hozzá egyenként a tortillákat, és süsse oldalanként körülbelül 15-20 másodpercig.

5. Előmelegítsen olajat egy serpenyőben közepes lángon. Adja hozzá a hagymát és a jalapenót, és főzze körülbelül 5 percig.

6. Adja hozzá a babot a folyadékkal egy serpenyőbe, és főzze körülbelül 2-3 percig közepes lángon, gyakran keverve.

7. Minden tortilla tetejére szórjuk a babot, adjunk hozzá chorizót és a tetejére hagymás jalapeno keveréket. Korianderrel megszórva tálaljuk.

17. Koriander lisztes tortilla

Főzési idő: 15 perc

Adagok: 12

ÖSSZETEVŐK

256 g friss koriander apróra vágva

2 csésze (255 g) univerzális liszt

32 g disznózsír, apróra vágva

1 evőkanál növényi olaj

1 teáskanál kóser só

ÚTVONALAK

1. Forraljon fel körülbelül 1. 2. L vizet egy serpenyőben közepes lángon. . Főzzük a koriandert vízben 1 percig. A koriandert csepegtessük le úgy, hogy ¾ csésze főzővíz marad.

2. A főzővizet, a koriandert és a sót turmixgépben turmixoljuk simára, hagyjuk kihűlni.

3. Adjunk hozzá lisztet és sertészsírt egy tálba, és alaposan keverjük össze. Adjunk hozzá növényi olajat, majd adjunk hozzá ½ csésze koriandervizet, hogy tésztát kapjunk. Tegye a tésztát egy munkalapra, és dagasszon 5-7 percig. Hagyja pihenni kb. 30 percig.

4.A tésztából golyókat formázunk, egyenként a tortillaprésbe tesszük. Nyomjuk meg a tortillákat.

5.Melegítsen elő egy öntöttvas serpenyőt közepes lángon. Adja hozzá egyenként a tortillákat és süsse oldalanként körülbelül 30-40 másodpercig.

GOMBOS QUESADILLA

18. Zöld chilei gofris quesadilla

HOZAM: 2 quesadillát készít

ÖSSZETEVŐK

Tapadásmentes főző spray
4 lisztes tortilla
1 csésze reszelt mexikói stílusú sajt, például queso Chihuahua vagy Monterey Jack
¼ csésze apróra vágott konzerv zöld chili

ÚTVONALAK

Melegítse elő a gofrisütőt közepes fokozaton. Kenje be a gofrisütő rácsának mindkét oldalát tapadásmentes spray-vel.

Helyezzen egy tortillát a gofrisütőre, és ügyelve arra, hogy a gofrisütő forró, egyenletesen terítse el a sajt felét és a zöld chili felét a tortillán úgy, hogy a tortilla széle körül egy hüvelyknyi margót hagyjon. A tetejére teszünk egy másik tortillát, és lezárjuk a gofrisütőt.

3 perc múlva ellenőrizze a quesadillát. Amikor a sajt megolvadt és a tortillán aranybarna gofrinyomok vannak, akkor kész. Vegye ki a quesadillát a gofrisütőből.

19. Gofris Chorizo-sajtos Quesadilla

Kitermelés: 2-4 adag

ÖSSZETEVŐK

1 lime, levében

1/4 apró vöröshagyma, vékonyra szeletelve

Csipet kóser sót

1 teáskanál növényi olaj, plusz még több ecset tortillát

2 uncia friss chorizo a bélből eltávolítva

Négy 6-8 hüvelykes lisztes tortilla

2/3 csésze aprított cheddar

Salsa, tejföl és apróra vágott avokádó, tálaláshoz

ÚTVONALAK

Keverje össze a lime levét, a hagymát és a sót egy kis, nem reagáló tálban, időnként megforgatva. Hagyja állni szobahőmérsékleten, amíg a hagyma rózsaszínű lesz, körülbelül 15 percig.

Melegítsük fel az olajat egy közepes tapadásmentes serpenyőben közepesen magas lángon. Hozzáadjuk a chorizót, és fakanállal feltörve pirulásig főzzük kb. 3 percig.

Melegíts elő egy gofrisütőt közepesen magasra. 2 tortilla egyik oldalát megkenjük olajjal, és száraz oldalukkal felfelé fektetjük egy munkafelületre. Mindegyiket megszórjuk 1/3 csésze sajttal, majd az ecetes hagymával. A maradék tortillákkal szendvicsre kenjük, a tetejüket megkenjük olajjal.

Helyezzen 1 quesadillát a gofrisütőbe, óvatosan zárja le (ne nyomja le), és süsse, amíg aranybarna és a sajt elolvad, 4-6 percig. Ismételje meg a maradék quesadillával. A quesadillákat szeletekre vágjuk, és megkenjük a chorizóval. Salsával, tejföllel és avokádóval tálaljuk.

20. Santa fe kolbász gofris quesadilla

Hozam: 5

ÖSSZETEVŐK

1 doboz csirkekolbász linkek (10 link)

10 tortilla héj

1 tucat tojás

1/4 c paprika (kockára vágva)

1/4 c hagyma (kockára vágva)

1 1/2 c Monetary Jack Cheese vagy Cheese of Choice

Díszítésnek szeletelt avokádó

Chipotle Ranch vagy Salsa mártáshoz

ÚTVONALAK

Egy nagy serpenyőben felverjük a tojásokat kockára vágott paprikával, hagymával és fűszerekkel. Ülj oldalra.

Vágja félbe az egyes Jones Dairy Farm All Natural Golden Brown csirkekolbász linkeket. Állítsa oldalra.

Melegítse elő a gofrisütőt, és permetezze be egy kevés olajjal, hogy ne ragadjon le.

Helyezzen egy tortillát a gofrisütőbe, majd állítsa össze a következő sorrendben:

Adjunk hozzá körülbelül 3/4 csésze rántottát

Adjunk hozzá egy kis sajtot

Adjunk hozzá 4 félbevágott csirke virslit

A tetejére még egy kis sajtot teszünk

Tegyünk még egy tortillahéjat a tetejére

Zárja le a gofrisütőt, és süsse 2-3 percig.

Mártsd meg chipotle ranchban vagy salsában.

REGGELI QUESADILLA

21. Reggeli Quesadilla

ÖSSZETEVŐK

1 csésze (240 ml) tojáspótló
¼ csésze (56 g) salsa
¼ csésze (30 g) alacsony zsírtartalmú cheddar sajt, aprítva
8 kukorica tortilla

ÚTVONALAK

Habos tojásrántotta, keverje hozzá a salsát és a sajtot, amikor már majdnem megszilárdult. Finoman permetezze be a tortillák egyik oldalát tapadásmentes olívaolajjal, és 4 darabot olajozott oldalukkal lefelé helyezzen egy sütőlapra.

Osszuk el a tojásos keveréket a tortillák között, egyenletes vastagságúra kenjük. A tetejére olajozott oldalukkal felfelé rátesszük a maradék tortillát. Grill quesadillákat oldalanként 3 percig, vagy amíg át nem melegszik és aranybarna nem lesz. Tálaláskor negyedekre vágjuk.

22. Sajtos poblano és bacon quesadilla

SZOLGÁLTATÁSOK: 4

ÖSSZETEVŐK

4 szelet vastagra vágott szalonna, negyedelve

2 poblano paprika, kimagozva és vékonyra szeletelve

8 nagy lisztes tortilla

1 csésze reszelt paprika Jack sajt

1 csésze friss bébispenót, durvára vágva

1 csésze reszelt cheddar sajt

2 evőkanál extra szűz olívaolaj

Pácolt Jalapeño Ananász Salsa

ÚTVONALAK

Helyezze a szalonnát egy hideg nagy serpenyőbe, közepes lángon. 4-5 percig főzzük, amíg a zsír megolvad és a szalonna ropogós lesz. Tegye át a szalonnát egy papírtörlővel bélelt tányérra, hogy lecsepegjen, a zsírt tartsa a serpenyőben.

Tegyük vissza a serpenyőt a tűzre, adjuk hozzá a poblanost, és főzzük puhára, körülbelül 5 percig. Tegye át a paprikát egy kis tálba.

Tegyen ki 4 tortillát egy tiszta munkafelületre. Mindegyiket megszórjuk ¼ csésze borsos Jack sajttal, majd egyenletesen elosztjuk a spenótot, a paprikát és a szalonnát a 4 tortillában.

Fejezze be mindegyiket ¼ csésze cheddar sajttal és egy másik tortillával.

Törölje ki a serpenyőt, és melegítse fel az olívaolajat közepes lángon. Amikor az olaj csillog, egyenként hozzáadjuk a quesadillákat. Körülbelül 2 percig főzzük, amíg az alja ropogós és aranybarna nem lesz, majd óvatosan fordítsa meg, és főzzük addig, amíg a tortilla aranybarna és a sajt megolvad, még 2-3 percig.

Forrón, salsával tálaljuk mellé.

23. Sajtos vega Quesadillák

Kitermelés: 4 adag

ÖSSZETEVŐK

1 evőkanál növényi olaj

1/2 közepes Vidalia hagyma, kockára vágva

8 uncia fehér gomba, felkockázva

1 gerezd fokhagyma, felaprítva

1 csésze fagyasztott kukoricaszem

3 csésze friss bébispenót apróra vágva

1/4 teáskanál fekete bors

1/4 teáskanál kömény

2, 10 hüvelykes teljes kiőrlésű tortilla

1/3 csésze aprított alacsony zsírtartalmú cheddar sajt

1/2 csésze sima, zsírmentes görög joghurt

1/2 lime héja és leve

1/8 teáskanál cayenne bors (elhagyható)

ÚTVONALAK:

Egy nagy serpenyőben közepes lángon hevítsük fel az olajat. Pároljuk a hagymát, a gombát és a fokhagymát 5-6 percig, vagy amíg megpuhul. A kukorica, a spenót, a bors és a kömény hozzáadása után még 1-2 percig főzzük. Vegyük le a serpenyőt a tűzről.

Állítsa össze a quesadillákat: A tortillák elkészítéséhez helyezze őket tiszta munkaterületre. A főtt zöldségkeveréket egyenletesen elosztjuk minden tortilla felén.

Egyenletesen szórjuk meg a sajtot a zöldségek tetejére. Hajtsa össze és nyomja a tortilla maradék felét a tetejére.

Melegítsen elő egy serpenyőt alacsony hőfokon. Permetezze meg a quesadillákat főzőpermettel, és helyezze a tetejére.

Grill oldalanként 3-4 percig, vagy amíg a sajt megolvad és kissé megpirul.

Keverje össze a görög joghurtot, 1/2 lime héját és levét, valamint a cayenne borsot egy kis tálban (ha használ).

Vágjuk fel a quesadillákat, és a tetejére joghurtos keverékkel tálaljuk. Élvezd!

24. BBQ kacsa és erdei gombás quesadilla

Kitermelés: 4 adag

ÖSSZETEVŐK

½ csésze grillezett kacsacomb; húst leszedtek a csontról 2 bőr nélküli kacsacombról

1 csésze New Mexico bbq szósz

½ csésze csirke alaplé

½ csésze grillezett shiitake gomba sapka, grillezett

3 lisztes (6 hüvelykes) tortilla

¼ csésze reszelt Monterey jack

¼ csésze reszelt fehér cheddar

Só és frissen őrölt bors

½ csésze fűszeres mangó salsa

ÚTVONALAK

Tegye a lábakat egy serpenyőbe, és kenje meg mártással. Öntsön alaplét a lábak köré. Fedjük le, és süssük 3 órán át 300 fokon, 30 percenként BBQ szósszal megkenve. Hagyjuk kihűlni, és leszedjük a kacsahúst.

Készítsen egy fa- vagy faszén tüzet, és hagyja, hogy parázsig égjen.

Helyezzen 2 tortillát a munkafelületre. Mindegyikre rákenjük a sajtok felét, a kacsát és a gombát, és ízlés szerint sózzuk, borsozzuk. A 2 réteget egymásra rakjuk, befedjük a maradék tortillával, megkenjük 1 evőkanál olajjal, és egyenletesen megszórjuk chiliporral. Eddig a pontig előre elkészíthető és lehűthető. Mindkét oldalát 3 percig grillezzük, vagy amíg a tortillák kissé ropogósak és a sajt megolvad.

Vágjuk negyedekre, és forrón, salsával díszítve tálaljuk.

25. Gyors és furcsa Quesadillák

ÖSSZETEVŐK

2 db 10 hüvelykes tortilla

2 evőkanál pizzaszósz

1 uncia reszelt cheddar sajt

1 uncia reszelt mozzarella sajt

8 szelet pepperoni

Főző spray

ÚTVONALAK:

A pepperonit közepes méretű serpenyőben ropogósra sütjük. Vegyük ki a serpenyőből és tegyük félre. Törölje le a serpenyőt papírtörlővel.

Tegyünk egy tortillát egy tányérra, és kenjünk rá két evőkanál pizzaszószt.

A szósz tetejére szórjuk a reszelt cheddar és mozzarella sajt felét.

Rendezzük a sült pepperonit a sajt tetejére.

A maradék sajtot rászórjuk a pepperonira, és befedjük a maradék tortillával.

Permetezze meg a serpenyőt főzőpermettel, és melegítse elő közepes lángon.

Óvatosan helyezze a quesadillát a serpenyőbe, és süsse három-négy percig mindkét oldalát, vagy amíg a sajt megolvad, a tortillák pedig enyhén megpirulnak és ropogósak lesznek.

HÁZI STÍLUSÚ QUESADILLAS

26. Spenótos túrós quesadilla

3 adag

ÖSSZETEVŐK

10-15 apróra vágott spenótlevél

2 csésze búzaliszt

Só ízlés szerint

150-200 g túró (Paneer)

1 kis apróra vágott paprika

1 kis apróra vágott paradicsom

1 kis apróra vágott hagyma

1 teáskanál piros chili por

1 teáskanál koriander por

1/2 teáskanál kurkuma por

1 teáskanál garam masala

1 teáskanál Kasuri methi

1 teáskanál száraz mangópor

2 evőkanál olaj tésztakötéshez

2 teáskanál olaj a Paneer cuccokhoz

2 teáskanál köménymag

Ghee a quesadillához

ÚTVONALAK

Vegyük a búzalisztet, adjunk hozzá apróra vágott spenótleveleket, sót, 2 evőkanál olajat és 1 teáskanál köménymagot, keverjük össze a félpuha tésztát, és pihentessük legalább 15-20 percig

Most készítse el a túrós tölteléket. Vegye ki a serpenyőt, adjon hozzá olajat és köményt, és most egyenként pirítsa meg a hagymát, a paradicsomot és a paprikát

Mindent megpirítunk, hozzáadjuk a sót és az összes fűszert, majd hozzáadjuk az apróra vágott panelt, végül hozzáadjuk a Kasuri methit, jól összekeverjük és félretesszük.

Most készítse elő a közepes méretű Quesadillát a tésztából és a sültből úgy, hogy mindkét oldalát megfordítja

Töltsd meg a Paneer tölteléket, adj hozzá sajtot, ha szereted, és pirítsd újra ghíben, amíg arany színű és ropogós nem lesz.

27. Almás és sajtos quesadilla

15 perc

ÖSSZETEVŐK

1/4 csésze barna cukor, csomagolva

1/4 csésze vaj

1 teáskanál őrölt fahéj

1/4 teáskanál őrölt szerecsendió

1/4 teáskanál őrölt szegfűbors

1/4 teáskanál őrölt gyömbér

1/4 teáskanál só

2 mézes ropogós alma, meghámozva, kimagozva és vékonyra szeletelve

2 boltban vásárolt lisztes tortilla

100 g gruyere (vagy más olvadt, enyhe sajt)

ÚTVONALAK

Adjuk hozzá a barna cukrot és a vajat egy kis lábasba. Tegyük alacsony lángra, és hagyjuk felolvadni a cukrot és a vajat. Hozzáadjuk a fűszereket, a sót és az almát, és közepesen alacsonyra állítjuk. Körülbelül 10 percig főzzük, időnként megkeverve, amíg az alma megpuhul, de nem pépes lesz. Vegyük le az edényt a tűzről, és hagyjuk állni néhány percig szobahőmérsékletűre.

Tegyen egy kis gombóc vajat egy nagy, tapadásmentes serpenyőbe közepesen alacsony lángon. Fektessük egy tortillába, és a sajt felét szórjuk csak a tortilla egyik oldalára. Adjuk rá a főtt alma felét, majd hajtsuk rá a tortilla másik felét, hogy félholdat formázzon. Hagyja 1-2 percig ropogósra és barnára sütni, majd óvatosan fordítsa meg és pirítsa meg a másik oldalát is. Ismételje meg a második tortillánál. A megsült tortillákat vágjuk 2 vagy 3 részre, és tálaljuk az almakaramellel.

28. Burgonya quesadilla

8 quesadilla lesz belőle

ÖSSZETEVŐK

A TÉSZÁHOZ

2 csésze liszt

2 evőkanál cukor

1 teáskanál só

2 evőkanál olaj

2 csésze víz

A TÖLTETÉSÉHEZ

2 csésze főtt burgonya

kocka Fűszerezés

Kömény

Koriander

Paprika

Gyömbér/fokhagyma paszta

Fekete bors

curry

Petrezselyem

Zöldpaprika

Skót motorháztető

Mozzarella sajt

ÚTVONALAK

A tésztához keverjük össze az összes hozzávalót. Egy serpenyőbe öntsünk olajat, öntsük rá a tésztát, majd mindkét oldalát fordítva süssük készre

Burgonyapürét és petrezselyemzöldet, borsót, zöldpaprikát, fűszereket és fűszerkockát adunk hozzá. Keverje össze mindent, amíg össze nem áll

Adjuk hozzá a tölteléket a csomagoláshoz, és tegyük bele a sajtot, majd fedjük le és hevítsük egy serpenyőben, hogy a sajt megolvadjon 2 percig.

29. Quesadillas, Piadine és Pita szendvicsek

SZOLGÁLT 4

ÖSSZETEVŐK

12 uncia friss kecske3 gerezd fokhagyma, apróra vágva

Körülbelül 1 hüvelykes darab friss gyömbér, durvára vágva (kb. 2 teáskanál)

3-4 evőkanál durvára vágott friss mentalevél

3-4 evőkanál durvára vágott friss koriander

3 evőkanál natúr joghurt

½ teáskanál cukor, vagy ízlés szerint Nagy csipet só

Néhány jó shake Tabasco vagy más csípős szósz, vagy ½ friss chili apróra vágva

8 db lisztes tortilla

héjas sajt, például Lezay vagy Montrachet, ½-¾ hüvelyk vastagra szeletelve

Olívaolaj tortilla ecsettel

ÚTVONALAK

Egy robotgépben vagy turmixgépben pürésítsd a fokhagymát a gyömbérrel, majd add hozzá a mentát, a koriandert, a joghurtot, a cukrot, a sót és a forró mártást. Forgassa addig, amíg zöld, enyhén darabos pasztát nem kap.

Terítsen ki 4 tortillát, és kenje meg először korianderes-mentás keverékkel, majd egy réteg kecskesajttal, és tegye rá a többi tortillát.

Minden szendvics külsejét enyhén megkenjük olívaolajjal, és egyenként egyenként, erős, tapadásmentes serpenyőben, közepes lángon sütjük. Pirítsd néhány percig, amíg enyhén aranybarna foltokat nem kapsz, és sütés közben a spatulával kicsit nyomd le őket.

Óvatosan fordítsa meg a spatulával; Amikor a második oldal barna és arany foltos, a sajtot meg kell olvadni. Kivesszük a serpenyőből és szeletekre vágjuk.

Azonnal tálaljuk.

30. Quesadilla a sütőtök tortillán

SZOLGÁLT 4

ÖSSZETEVŐK

2 nagy enyhe zöld chili, például Anaheim vagy poblano, vagy 2 zöld kaliforniai paprika

1 hagyma, apróra vágva

2 gerezd fokhagyma apróra vágva

1 evőkanál extra szűz olívaolaj

1 kilós sovány darált marhahús

1/8-¼ teáskanál őrölt fahéj, vagy ízlés szerint

¼ teáskanál őrölt kömény Csipetnyi őrölt szegfűszeg vagy szegfűbors

1/3 csésze száraz sherry, vagy száraz vörösbor

¼ csésze mazsola

2 evőkanál paradicsompüré

2 evőkanál cukor

Néhány shake vörösbor vagy sherry ecet

Só

Fekete bors

Néhány shake cayenne, vagy Tabasco, ha kaliforniai paprikát használunk chili helyett

¼ csésze durvára vágott mandula

2-3 evőkanál durvára vágott friss koriander, plusz a díszítéshez

8 sütőtök tortilla

6-8 uncia enyhe sajt, például Jack, manchego vagy Mezzo Secco

Olívaolaj tortilla ecsettel

Kb. 2 evőkanál tejföl a díszítéshez

ÚTVONALAK

A chilit vagy a paprikát nyílt lángon addig pirítjuk, amíg enyhén és egyenletesen megpirul. Helyezze műanyag zacskóba vagy tálba, és fedje le. Tedd félre legalább 30 percre, mert a gőz segít elválasztani a héjat a hústól.
A picadillo elkészítése: A hagymát és a fokhagymát az olívaolajon közepes lángon puhára pároljuk, majd hozzáadjuk a marhahúst, és együtt főzzük, kevergetve és sütés közben feldarabolva a húst. Amikor a hús foltokban megpirult, szórjuk meg fahéjjal, köménnyel és szegfűszeggel, és főzzük tovább, kevergetjük.
Adjuk hozzá a sherryt, a mazsolát, a paradicsompürét, a cukrot és az ecetet. Főzzük együtt körülbelül 15 percig, időnként megkeverve; ha száraznak tűnik, adjunk hozzá egy kevés vizet vagy több sherryt. Ízesítsük sóval, borssal és cayenne-nel, majd

ízlés szerint igazítsuk hozzá a cukrot és az ecetet. Adjuk hozzá a mandulát és a koriandert, és tegyük félre.

Távolítsa el a héját, a szárát és a magját a paprikáról, majd vágja csíkokra.

Tegyünk ki 4 tortillát, és kenjük meg a picadillóval. Adjuk hozzá a pirított paprikacsíkokat, majd egy réteg sajtot, és mindegyik tetejére tegyünk egy második tortillát. Nyomja le erősen, hogy összetartsa őket.

Melegíts fel egy nehéz, tapadásmentes serpenyőt közepesen magas lángon. A quesadillák külsejét vékonyan megkenjük olívaolajjal, és adagonként a serpenyőbe tesszük.

Csökkentse a hőt közepes-alacsonyra, barnítsa meg az egyik oldalát, majd óvatosan fordítsa meg a spatula segítségével, ha szükséges, a kezed irányításával. A második oldalon addig sütjük, amíg aranybarnák nem lesznek, és a sajt megolvad. Azonnal tálaljuk, szeletekre vágva, egy kis tejföllel és korianderrel díszítve.

31. Grillezett juhsajt quesadilla

SZOLGÁLT 4

ÖSSZETEVŐK

8 nagy lisztes tortilla

1 evőkanál apróra vágott friss tárkony

2 nagy érett paradicsom, vékonyra szeletelve

8-10 uncia enyhén száraz juhsajt

Olívaolaj, tortilla ecsettel

ÚTVONALAK

A tortillákat kitesszük egy munkalapra, megszórjuk a tárkonnyal, és rétegezzük a paradicsommal. A tetejére megszórjuk a sajtot, és mindegyiket befedjük egy második tortillával.

Minden szendvicset megkenünk olívaolajjal, és közepes lángon melegítünk egy tapadásmentes serpenyőt vagy lapos grillsütőt. Egyszerre 1-gyel dolgozva süssük meg a quesadillát az egyik oldalról; Amikor enyhén aranybarna foltos, és a sajt olvad, fordítsa meg, és süsse meg a második oldalát is, miközben sütés közben megnyomja, hogy ellapuljon.

Azonnal tálaljuk, kockákra vágva.

32. Chile és sajtos előétel torta

Hozam: 16 adag

HOZZÁVALÓ

15 uncia Pillsbury hűtött pite kéreg; 1 csomag

1 csésze reszelt cheddar sajt

1 csésze reszelt monterey jack sajt

4 uncia Old el paso apróra vágott zöld chili; lecsapolt

¼ teáskanál chili por

1 csésze régi el paso vastag és vaskos salsa

ÚTVONALAK

Hagyja mindkét héjas tasakot szobahőmérsékleten 15-20 percig állni.

Melegítsük elő a sütőt 450 F-ra. Hajtsa ki az egyik kéreg rá a zsírozatlan sütilapra; távolítsa el a műanyag lapokat és nyomja ki a hajtási vonalakat. Szórja meg a sajtokat a kéregre a szélétől ½ hüvelykig; megszórjuk zöld chilivel. Hajtsa ki a maradék kérget; távolítsa el a műanyag lapokat és nyomja ki a hajtási vonalakat. Chilire tesszük.

Zárja le a széleket villával; villával bőkezűen megszurkáljuk a tetejét. Megszórjuk chili porral.

Süsse 450 F.-on 10-15 percig, vagy amíg aranybarna nem lesz. 5 percig állni hagyjuk. Vágjuk szeletekre; salsával tálaljuk.

33. Csirke és sajtos quesadilla

Kitermelés: 6 adag

HOZZÁVALÓ

1 csomag aprított Monterey Jack sajt (8 uncia)

1 csomag reszelt mozzarella sajt (8 oz)

6 nagy lisztes tortilla

¼ font kecskesajt

¾ csésze apróra vágott grillezett csirkemell

½ csésze reszelt friss bazsalikom

Fekete bab és kukorica salsa

ÚTVONALAK

Helyezze a Jack és mozzarella sajtokat műanyag élelmiszerzacskóba vagy tálba a tetejével, és rázza össze. Helyezzen 3 tortillát mikrohullámú sütőtálcára. Szórjuk meg a sajtkeveréket a tortillákra. Megszórjuk kecskesajttal és csirkedarabokkal, a maradék tortillák tetejét megszórjuk bazsalikommal. Mikrohullámú sütő 1-2 percig HIGH fokozaton, egyszer megforgatva. Azonnal tálaljuk Black Bean és Corn Salsa mellé.

34. Garbanzo quesadillas (quesadillas de garbanzo)

Kitermelés: 1 adag

HOZZÁVALÓ

2 csésze Masa de maiz

1 csésze főtt garbanzobab; (csicseriborsó)

2 piros chilis ancho

1 csésze Queso freskó;

1 csésze tejföl

Disznózsír

Só, bors

ÚTVONALAK

Áztassuk, főzzük és hámozzuk meg a garbanzokat.

Vágja ki, áztassa be és cseppfolyósítsa a chilit. Keverjük össze a garbanzot a chilivel és a kukorica tésztával. Sózzuk és borsozzuk.

Kis tortillákat formázunk, és a közepébe teszünk egy kevés sajtot. Forgasd quesadillába, és süsd meg zsíron. Tejföllel tálaljuk.

35. Csípős és csípős csirke quesadilla

Kitermelés: 4 adag

HOZZÁVALÓ

2 teáskanál olívaolaj

2 Kicsontozott csirkemell csíkokra vágva

2 evőkanál chili szósz

1 Jalapeno paprika kimagozva és felkockázva

4 8 hüvelykes lisztes tortilla

1 csésze reszelt Cheddar sajt

4 teáskanál repceolaj vagy sima növényi olaj

ÚTVONALAK

Melegítse elő a Calphalon Solo Griddle-t közepes lángon a tűzhely tetején. Adjuk hozzá az olívaolajat a forró serpenyőbe. Helyezze a csirkecsíkokat, a chili szószt és a jalapeno borsot a serpenyőbe, és pirítsa készre, kb. 3-5 perc. Távolítsa el és foglalja le.

Helyezze a csirkemeveréket mind a 4 lisztes tortilla egyik felére. Megszórjuk sajttal, és fél kör alakúra hajtjuk.

Ismét melegítse elő a Calphalon Solo Griddle-t közepes fokozaton. Olajozza ki a főzőfelületet egy teáskanál repceolajjal. Helyezzen egy töltött tortillát a sütőfelületre. Világosbarnára sütjük. Fordulat. Ismételje meg a másik három tortillával. Mindegyik tortillát három szeletre szeleteljük, és salsával és fekete babbal tálaljuk.

36. Landon quesadillái

Kitermelés: 4 adag

HOZZÁVALÓ

1 avokádó; meghámozzuk és felkockázzuk

1 citrom leve

1 teáskanál darált fokhagyma

1 só; megkóstolni

1 frissen őrölt fekete bors; megkóstolni

8 db lisztes tortilla

1 csésze feketebab püré

4 uncia monterey jack sajt

1 olívaolaj

½ csésze elkészített salsa

½ csésze tejföl

ÚTVONALAK

A sütőt előmelegítjük 400 fokra. Keverje össze az avokádót, a citromlevet és a fokhagymát egy keverőtálban. Villával pépesítsd a keveréket simára, de még mindig darabosra. A guacamole-t sóval és borssal ízesítjük.

Egy tortilla aljára terítsen $\frac{1}{4}$ csésze feketebabpürét.

Szórjuk meg a sajt $\frac{1}{4}$ részét a feketebabpürére. Helyezzen egy második tortillát a sajt tetejére. Ismételje meg a folyamatot, amíg az összes hozzávalót el nem használja, és négy quesadillát kap. A quesadillákat sütőpapírral bélelt tepsire helyezzük. Süssük a quesadillákat körülbelül 4-6 percig, vagy amíg a sajt elolvad. Vegye ki a serpenyőt a sütőből, és helyezze egy vágódeszkára.

Mindegyik quesadillát négyfelé szeleteljük. Díszítsük a quesadillákat a guacamolével, a salsával és a tejföllel.

37. Pinto bab és feta quesadilla

Kitermelés: 8 adag

HOZZÁVALÓ

16 uncia Pinto bab; lecsapolt

¾ csésze vöröshagyma; apróra vágva

½ csésze petrezselyem; finomra vágva

1 Jalapeno paprika; finomra vágva

1½ teáskanál chili por

½ teáskanál őrölt kömény

8 lisztes tortilla

4 evőkanál feta sajt; összeomlott

1 teáskanál repceolaj

Zsírmentes tejföl

Friss salsa

ÚTVONALAK

Keverje össze az első hat összetevőt a processzorban. Be-/kikapcsolással dolgozza fel nagyon darabosra. Sózzuk, borsozzuk. (1 nappal előre is elkészíthető, letakarva lehűtjük.)

Helyezzen 1 tortillát a munkafelületre. Megkenjük egy kis babkeverékkel. A tetejére feta sajtot szórunk, és félbehajtjuk. Melegítsen fel egy tapadásmentes serpenyőt, és permetezze be növényi spray-vel. Adjunk hozzá $\frac{1}{4}$ teáskanál olajat és quesadillát. Addig főzzük, amíg a bab át nem melegszik, oldalanként kb. 4 percig. Ismételje meg a többi tortillával.

Vágjuk szeletekre, és tálaljuk salsával és egy kanál zsírmentes tejföllel.

38. Grill quesadillák

Kitermelés: 4 adag

HOZZÁVALÓ

2 gerezd fokhagyma

1 teáskanál Növényi olaj

16 uncia Húzott sertéshús, finomra vágva

2 teáskanál bazsalikom, szárítva

½ teáskanál fekete bors

1 evőkanál vaj, megpuhult

4 liszt tortilla, (8 hüvelyk)

2 csésze Kraft's Monterey Jack Cheese, aprított

ÚTVONALAK

A Tasaste of Home gyorsfőzési receptjeit átkutatva, amelyeket nekem küldött, az alábbi gyorsrecepteket találtam. Mindkettőt az ízlésemnek megfelelően módosítottam, és tegnap este mindkettőt kipróbáltam. Körülbelül 30 percembe telt mindkettő elkészítése és tálalása. Bókolták egymást, és olyan finomak voltak, meg akarom osztani őket.

Közepes serpenyőben puhára pároljuk a fokhagymát. Hozzákeverjük a finomra vágott sertéshúst vagy szegyet, a bazsalikomot és a borsot. Közepes lángon főzzük, amíg át nem melegszik.

Közben mindegyik tortilla egyik oldalát megkenjük vajjal. Helyezze a tortillákat vajas oldalukkal lefelé egy rácsra. Mindegyiket megszórjuk ½ csésze sajttal. terítsen ½ csésze füstölt húskeveréket minden tortilla ½ felére, majd hajtsa rá, és süsse alacsony fokozaton egy-két percig mindkét oldalát.

Vágjuk szeletekre; salsával vagy quacamolével tálaljuk.

39. Olasz quesadilla

Kitermelés: 4 adag

HOZZÁVALÓ

4 szilvás paradicsom apróra vágva

½ csésze bazsalikomlevél vékony csíkokra vágva

¼ csésze olívaolaj

Balzsamecet

Só, bors

1 kiló Frissen reszelt mozzarella sajt, részben sovány vagy teljes tej

½ csésze Ricotta sajt, részben sovány vagy teljes tej

4 Apróra vágott zöldhagyma, vékonyra szeletelve

¼ csésze kimagozott olajbogyó, finomra szeletelve

1 csésze pácolt articsóka szív, apróra vágva

Darált pirospaprika pehely, ízlés szerint

8 lisztes tortilla

Növényi olaj, a quesadillák főzéséhez, opcionális

¼ csésze pirított fenyőmag, opcionális

ÚTVONALAK

Egy keverőtálban keverjük össze a paradicsomot, a bazsalikomot, az olívaolajat, és ízlés szerint ízesítsük balzsamecettel, sóval és borssal.

Egy keverőtálban keverje össze a mozzarella sajtot, a ricottát, a zöldhagymát, az olajbogyót és az articsóka szíveket; sóval és törött pirospaprikával ízesítjük.

Kenje meg a keveréket minden tortilla egyik felére, és hagyjon körülbelül ¼ hüvelyket a töltelék és a tortilla széle között. Hajtsa félbe mindegyik tortillát. Süssük a tortillákat kevés növényi olajon oldalanként körülbelül egy percig, amíg aranybarnák és a sajt megolvad; tálalásig alacsony sütőben tartsuk melegen. A tetejére paradicsomot és bazsalikomot és fenyőmagot teszünk.

Másik megoldás a sütő előmelegítése 450 fokra. A tölteléket szétterítjük a tortilla teljes felületén anélkül, hogy összehajtogatnánk. Sütőpapíros tepsire tesszük és 5 percig sütjük, vagy amíg a sajt megolvad. Felhajtjuk és feltéttel tálaljuk.

Gyerekeknek kifejezetten jó: tegyünk félre ricottával kevert sima mozzarellát, és ezzel töltsük meg a gyerektortillákat, ne a bonyolultabb töltelékkel.

40. Lehetetlen quesadilla pite

Kitermelés: 6 adag

HOZZÁVALÓ

2 doboz zöld chili

4 oz. lecsapolt

4 csésze reszelt cheddar sajt

2 csésze tej

1 csésze Bisquick

4 tojás

ÚTVONALAK

Melegítsük elő a sütőt 425 fokra. Zsír pitelap, 10 hüvelyk. Szórjunk chilit és sajtot a tányérba. A többi hozzávalót simára keverjük, 15 mp. turmixgépben nagy sebességgel vagy 1 perccel. kézi verővel. Öntsük pite tányérba. Süssük körülbelül 25-30 percig, vagy amíg a közepébe szúrt kés tisztán ki nem jön. Hűtsük 10 percig. Tejföllel és quacamole-val tálaljuk.

41. Burgonya és pirított pirospaprika quesadilla

Kitermelés: 6 adag

HOZZÁVALÓ

2 közepes burgonya

1 közepes piros kaliforniai paprika

1 nagy Jalapeno chili paprika

2 teáskanál Növényi olaj

1 kis hagyma; felkockázva

2 gerezd fokhagyma; darált

1 evőkanál limelé; vagy vörösborecetet

1 evőkanál darált koriander

½ csésze zsírszegény kockára vágott éles Cheddar sajt

Só és fekete bors

4 közepes zsírmentes lisztes tortilla; hat hüvelyk átmérőjű

ÚTVONALAK

Főzzük vagy pároljuk a burgonyát 35 percig, vagy amíg megpuhul. Hagyjuk kihűlni, majd meghámozzuk és nyolcadokra vágjuk.

Vágja félbe a kaliforniai paprikát és a chili paprikát függőlegesen, és távolítsa el a szárát, magját és hártyáját. Vágja le mindkét végét, hogy a paprika a lehető leglaposabb legyen, majd helyezze a feleket bőrös oldalukkal felfelé egy brojlertartóra, és helyezze a rácsot a brojler mellé. Pároljuk a paprikát, amíg a héja egyenletesen elszenesedik és a húsa puha lesz, körülbelül 10 percig. Kivesszük, papírzacskóba vagy fedett edénybe tesszük a paprikát, és lezárjuk. Tegyük félre 15 percet pároljuk és hűtsük le. (Ez megkönnyíti a paprika hámozását.) Hámtörő késsel húzzuk le és dobjuk le az elszenesedett héját, majd kockázzuk fel a paprikát.

Melegítsük elő a sütőt 450 fokra. Melegítsd fel az olajat egy nagy, tapadásmentes serpenyőben közepes-magas lángon. Adjuk hozzá a hagymát, a fokhagymát és a burgonyát, és pirítsuk addig, amíg a hagyma és a burgonya enyhén megpirul. Tegyük át egy tálba, és rövid ideig pépesítsük. Adjuk hozzá a paprikát, a lime levét, a koriandert és a sajtot. Sóval, borssal ízesítjük, jól összekeverjük.

Helyezzen 2 tortillát egy kiolajozott tepsire. Helyezze a burgonyakeverék felét mindegyikre, és egy spatulával erősen ütögesse a tortilla szélétől $\frac{1}{2}$ hüvelykig. Fedje le mindegyik tortillát egy másikkal, és nyomja erősen a helyére. 5 percig sütjük mindkét oldalon. Vágjunk minden tortillát 6 szeletre, és forrón tálaljuk.

42. Gyors csirke quesadilla

Kitermelés: 1 adag

HOZZÁVALÓ

4 nagy lisztes tortilla

½ csésze konzerv sült bab

½ csésze salsa

¾ font Sült csirkehús; apróra vágva

4 zöld hagyma; apróra vágva

1 csésze cheddar sajt

½ csésze zsírmentes tejföl

2 csésze saláta; felaprítva

2 közepes paradicsom; apróra vágva

Elkészítés: 10 perc, Főzés: 5 perc.

ÚTVONALAK

Kapcsolja be a brojlert. Rendezzük tortillákat egy tepsire. A sült babot szétterítjük a tortillákkal. Adjuk hozzá a salsát, majd rétegezzük csirkével, hagymával és sajttal.

Helyezze a sütilapot a broiler alá 1-2 percre, vagy amíg a sajt megolvad és a tortillák ropogósra nem válnak. Tejföllel, salátával és paradicsommal megkenve tálaljuk.

43. Sült bab és kukorica quesadilla

Kitermelés: 4 adag

HOZZÁVALÓ

½ csésze fagyasztott kukoricaszem, felengedve

2 evőkanál zöldhagyma, szeletelve

¼ teáskanál kömény

16 uncia sült bab (zsírmentes)

8 db lisztes tortilla (zsírmentes)

¾ csésze Cheddar sajt, zsírmentes

Növényi főző spray

½ csésze zsírmentes tejföl

1 Jalapeno – darálva

ÚTVONALAK

Az első négy hozzávalót egy közepes tálban összekeverjük, és jól összedolgozzuk. Körülbelül ½ csésze babkeveréket kenjünk a 4 tortilliára, és mindegyik tetejére tegyünk 3 evőkanál sajtot és a maradék tortillákat.

Kenjünk be egy nagy tapadásmentes serpenyőt főzőspray-vel, és helyezzük közepes lángon, amíg fel nem melegszik. Adjunk hozzá

1 quesadillát, és süssük mindkét oldalát 3 percig, vagy amíg aranybarna nem lesz. A quesadillát kivesszük a serpenyőből, félretesszük és melegen tartjuk. Ismételje meg az eljárást a maradék quesadillával.

Mindegyik quesadillát 4 szeletre vágjuk. Melegen, tejföllel tálaljuk. Tejföllel és darált jalepenóval díszítjük.

44. Füstölt marha szegy quesadilla

Kitermelés: 1 adag

HOZZÁVALÓ

4 8 hüvelykes lisztes tortilla

1 csésze Taco sajt vagy vegyes Colby és Monterey Jack

1 csésze aprított füstölt marha szegy; (vagy használjon főtt marhasültet, mesquite barbeque fűszerezéssel fűszerezve)

¾ csésze darabos paradicsom alapú salsa vagy ínyencség

Guacamole

ÚTVONALAK

Melegítse elő a BBQ grillt közepesre (350 fok). Minden tortilla egyik oldalát vékonyan megkenjük az olvasztott margarinnal. Margarinos oldalával lefelé tedd a grillrácsra.

Osszuk el egyenletesen a sajtot minden tortilla felére, majd a marhahúst és a salsát.

Hajtsa rá a tortillákat a sajtos keverékre, és grillezze 30 másodpercig. Fordítsa meg és grillezze 1 percig, hogy a sajt megolvadjon és a marhahús felmelegedjen.

Vegyük le a tűzről. Mindegyik quesadillát 3 részre vágjuk, és guacamolával és tejföllel tálaljuk.

HITELES MEXIKÓI QUESADILLAS

45. Quesadilla Luchito stílus

ELŐKÉSZÍTÉSI IDŐ 5 perc

SÜTÉSI IDŐ 5 perc

6. SZOLGÁLT

ÖSSZETEVŐK

CRISPY CHORIZO:

1 teáskanál olívaolaj

60 g / 2 oz főzési chorizo, finomra vágva

1 vöröshagyma, vékonyra szeletelve

1 teáskanál Gran Luchito Chipotle méz

QUESADILLAS:

6 Gran Luchito Soft Taco pakolás

150 g / 5 oz reszelt cheddar

150 g / 5 oz reszelt gruyere

1 üveg Gran Luchito Tomatillo Salsa

ÚTVONALAK

Egy serpenyőben közepes lángon felforrósítjuk az olívaolajat, és megpirítjuk benne a chorizót és a hagymát.

Adjuk hozzá a Chipotle Honey-t, és hagyjuk, hogy kissé karamellizálódjon és ropogóssá váljon, majd vegye le a serpenyőt a tűzről, és tartsa le.

Adjon hozzá egy jó adag reszelt sajtot és karamellizált chorizo hagymát a Soft Taco Wraps-hoz, és hajtsa félbe.

Forró serpenyőben süsd meg a quesadillákat, és hagyd, hogy a hő tegye varázsát, amíg mindkét oldaluk aranybarna lesz, és a sajt megolvad.

Gran Luchito Tomatillo Salsával tálaljuk.

46. Bab és sertés quesadilla

Főzési idő: 5 perc

Adagok: 4

ÖSSZETEVŐK

450 g univerzális liszt

3 evőkanál hideg zöldségleves

1 teáskanál só

2 teáskanál sütőpor

375 ml víz

1 doboz (580 g) BBQ ízű sült bab és sertéshús

225 g cheddar sajt, reszelve

125 ml tejföl

2 teáskanál növényi olaj

ÚTVONALAK

1.Egy tálban összekeverjük a lisztet, a sót, a sütőport és a zöldségleveset. Jól keverjük össze a kezünkkel, amíg minden el nem keveredik.

2.Lassan vizet adunk hozzá és kézzel összegyúrjuk a tésztát.. A lisztnek fel kell szívnia a folyadékot, sima tésztát kell kapnia..

3. A tésztából golyókat formázunk, egyenként a tortillaprésbe tesszük. Nyomjuk meg a tortillákat.

4. Melegítsen elő egy öntöttvas serpenyőt közepes lángon. Adja hozzá egyenként a tortillákat és süsse oldalanként körülbelül 30-40 másodpercig.

5. A babot egy tálba öntjük, és villával lazán pépesítjük.

6. Helyezze a tortillákat sima felületre, és kenje meg a széleit vízzel, majd a felére adjon babot és sajtot. Hajtsa fel és nyomja meg a széleit, hogy lezárja.

7. Serpenyőben olajat hevítünk közepesen magas lángon, majd egyik tortillát a másik után sütjük oldalanként kb. 3 percig. Hagyjuk kicsit hűlni, tejföllel tálaljuk

47. Krémes csirke Quesadilla

Főzési idő: 15 perc

Adagok: 6

ÖSSZETEVŐK

450 g univerzális liszt

3 evőkanál hideg zöldségleves

1 teáskanál só

2 teáskanál sütőpor

375 ml víz

2 doboz csirkemell darabokra

1 doboz (300 g) csirkeleves sűrített tejszín

113 g cheddar sajt, reszelve

125 ml tejföl

64 g salsa

ÚTVONALAK

1.Egy tálban összekeverjük a lisztet, a sót, a sütőport és a zöldségleveset. Jól keverjük össze a kezünkkel, amíg minden el nem keveredik.

2.Lassan vizet adunk hozzá és kézzel összegyúrjuk a tésztát.. A lisztnek fel kell szívnia a folyadékot, sima tésztát kell kapnia..

3.A tésztából golyókat formázunk, egyenként a tortillaprésbe tesszük. Nyomjuk meg a tortillákat.

4.Melegítsen elő egy öntöttvas serpenyőt közepes lángon. Adja hozzá egyenként a tortillákat és süsse oldalanként körülbelül 30-40 másodpercig.

5.Melegítse elő a sütőt 200 C-ra.. Egy tálban keverje össze a csirkelevest és a csirkemellet sajttal..

6. Tartsa a tortillákat 2 tepsiben, majd kenje meg a széleit vízzel, kenje a csirkemeveréket mindegyik tortilla felére. Hajtsa fel, nyomja meg a széleit, hogy lezárja.

7.Sütjük 10 percig; tejföllel és salsával tálaljuk..

48. Tofu-Tahini zöldségpakolások

4 pakolást készít

ÖSSZETEVŐK

8 uncia extra kemény tofu, lecsepegtetve és szárazra törölve

3 zöldhagyma, felaprítva

2 zeller tarja, darálva

1/2 csésze darált friss petrezselyem

2 evőkanál kapribogyó

2 evőkanál friss citromlé

1 evőkanál dijoni mustár

1/2 teáskanál só

1/8 teáskanál őrölt cayenne

4 (10 hüvelykes) lisztes tortilla vagy lavash

1 közepes sárgarépa, felaprítva

4 salátalevél

ÚTVONALAK

Aprítógépben keverje össze a tofut, a tahinit, a zöldhagymát, a zellert, a petrezselymet, a kapribogyót, a citromlevet, a mustárt, a sót és a cayenne-t, és addig dolgozza, amíg jól össze nem áll.

A pakolások összeállításához tegyen 1 tortillát egy munkafelületre, és kenje szét a tofukeverék 1/2 csésze mennyiségét a tortillán. Megszórjuk apróra vágott sárgarépával, és a tetejére egy salátalevelet teszünk. Szorosan feltekerjük és átlósan félbevágjuk. Ismételje meg a többi hozzávalóval és tálalja.

49. Dekonstruált Hummus Pitas

4 pitát készít

ÖSSZETEVŐK

1 gerezd fokhagyma, összetörve

¾ csésze tahini (szezámpaszta)

2 evőkanál friss citromlé

1 teáskanál só

1/8 teáskanál őrölt cayenne

1/4 csésze víz

11/2 csésze főtt vagy 1 (15,5 uncia) konzerv csicseriborsó, leöblítve és lecsepegtetve

2 közepes sárgarépa, lereszelve (kb. 1 csésze)

4 (7 hüvelykes) pita kenyér, lehetőleg teljes kiőrlésű, félbevágva

2 csésze friss babaspenót

ÚTVONALAK

Turmixgépben vagy konyhai robotgépben aprítsuk fel a fokhagymát. Adjuk hozzá a tahinit, a citromlevet, a sót, a cayenne-t és a vizet. Simára dolgozzuk.

A csicseriborsót egy tálba tesszük, és villával kissé összetörjük. Adjuk hozzá a sárgarépát és a fenntartott tahini szószt, és keverjük össze. Félretesz, mellőz.

Mindegyik pita felébe kanalazzon 2 vagy 3 evőkanál csicseriborsó keveréket. Mindegyik zsebbe tegyünk egy szelet paradicsomot és néhány spenótlevelet, és tálaljuk.

50. Vegán mediterrán pakolások

ÖSSZETEVŐK

1 közepes uborka

½ teáskanál (plusz pár csipetnyi) só

1 közepes paradicsom felkockázva

¼ vöröshagyma felkockázva

¼ zöldpaprika kockára vágva

4 evőkanál apróra vágott Kalamata olajbogyó

1 üveg (540 gramm / 19 oz..) csicseriborsó

200 gramm (7 oz..) vegán joghurt

2 evőkanál apróra vágott friss kapor

1 gerezd fokhagyma felaprítva

1 evőkanál citromlé

2 csésze (112 gramm) apróra vágott saláta

4 nagy tortilla

ÚTVONALAK

Keverjük össze a felkockázott uborkát, paradicsomot, lilahagymát, zöldpaprikát és fekete olajbogyót. A csicseriborsót lecsepegtetjük, megmossuk, majd egy tálba tesszük. Törjük össze őket kézzel vagy villával.

Egy tálban keverjük össze a reszelt uborkát, a vegán joghurtot, a kaprot, a fokhagymát, a citromlevet és egy csipet sót és borsot. Adjunk hozzá 3 evőkanál tzatzikit ½ teáskanál sóval és borssal együtt. Jól összekeverni.

A pakolásokat egy marék salátával, összetört csicseriborsóval, vegyes kockára vágott zöldségekkel és néhány szem tzatzikivel készítsük el.

51. Vegán Shawarma

ÖSSZETEVŐK

1/3 csésze (55 g) konzerv csicseriborsó

2 evőkanál tápláló élesztő

Fűszerek

1 evőkanál szójaszósz

1/4 csésze (65 g) paradicsompüré

1/3 csésze (80 ml) zöldségleves

1 teáskanál dijoni mustár

1/8 teáskanál folyékony füst

1 csésze (150 g) Vital Búzaglutén

Pác

6 Pakolások

Aprított saláta

ÚTVONALAK

Adja hozzá a csicseriborsót, a tápláló élesztőt, a fűszereket, a szójaszószt, a paradicsompürét, a paprikát, a zöldséglevet, a dijoni mustárt és a folyékony füstöt a robotgépbe, és addig dolgozza, amíg jól el nem keveredik.

Adja hozzá a létfontosságú búzaglutént. Lapítsuk el egy munkafelületen, és simítsuk le egy nagy steak formájúra. Gőz

Keverjük össze a pácot, és öntsük a szejtán csíkokra. A szejtánt a pácban megsütjük,

Kenjünk fűszeres hummust egy pita kenyérre vagy pakolásra. A felaprított salátát és a szeletelt uborkát és a paradicsomot csomagoljuk, a tetejére tegyünk néhány szejtán csíkot, és a végén egy adag vegán tzatzikivel.

52. Ropogós vegán tekercsek

Hozam: 24 adag

ÖSSZETEVŐK

5 sárgarépa, főtt

Só

1 szárzeller; finomra vágjuk és megfőzzük

Földimogyoró vagy növényi olaj

szezámolaj

3 nagy hagyma; finomra vágva

2 zöld hagyma; vékonyra szeletelve

3 piros kaliforniai paprika; finomra vágva

20 Shiitake gomba; finomra vágva

1 csokor korianderlevél; apróra vágva

1 csomag tavaszi tekercs csomagolóanyag; (11 uncia)

1 evőkanál kukoricakeményítő

ÚTVONALAK

Tegyen 2 teáskanál mogyoróolajat és 2 teáskanál szezámolajat egy nagy, fűtött serpenyőbe. adjunk hozzá apróra vágott hagymát, szeletelt zöldhagymát és kaliforniai paprikát. Dobjuk rá a gombát, és főzzük 2-3 percig.

Adjunk hozzá sárgarépát, zellert és koriandert, és keverjük össze. Ízlés szerint sózzuk, borsozzuk

Helyezze el az 1 csomagolót. A felső sarkát felvert tojással megkenjük. Helyezze el a ½ csésze töltelékkeveréket az alsó saroktól 2 hüvelyk távolságra lévő vonalba. Tekerje a sarkot a keverékre, és húzza vissza, hogy meghúzza.

Hajtsa át két oldalát, és tekerje a csomagolás végéig. Süt

53. Vegán töltött káposzta tekercs

ÖSSZETEVŐK

1 nagy fagyasztott káposzta, felolvasztva

2 evőkanál Olaj

1 hagyma, kockára vágva

1 szárzeller, kockára vágva

2 evőkanál kockára vágott zöldpaprika

2 evőkanál Liszt

1 46 uncia. lehet paradicsomlé

4 evőkanál paradicsompüré

½ csésze cukor

Dash só, paprika, curry por

2 csésze főtt rizs

2 babérlevél

1 nagy alma, meghámozva és felkockázva

¼ csésze arany mazsola

ÚTVONALAK

Egy serpenyőben felforrósítjuk az olajat, és hozzáadjuk a hagymát, a zellert és a zöldpaprikát. Keverjük bele a fűszerezést. Adjuk hozzá a zöldségeket a rizshez, és jól keverjük össze. Félretesz, mellőz.

Az olajat felforrósítjuk. Belekeverjük a lisztet és barnára főzzük. Adjuk hozzá a szósz többi összetevőjét.

Óvatosan adjuk hozzá a káposzta tekercseket, egyenként tegyük a szószba. 2 órán át főzzük.

Tegyünk egy evőkanál tölteléket a levél bordájára, a tövéhez közel. A levél alját ráhajtjuk a töltelékre, és egyszer megforgatjuk. Hajtsa az oldalakat középre, hogy bezárja és egyenes éleket készítsen.

54. Vegán nori tekercs

Kitermelés: 1 adag

ÖSSZETEVŐK

$\frac{1}{4}$ csésze szójaszósz

2 teáskanál méz

1 teáskanál darált fokhagyma

1 evőkanál reszelt gyömbér gyökér

1 font Extra kemény tofu vagy tempeh

2 evőkanál rizsecet

1 evőkanál szuperfinom cukor

2 csésze főtt rövid szemű barna rizs

2 mogyoróhagyma darált, csak fehér része

2 evőkanál pirított szezámmag

5 lap nori

1 csésze finomra vágott sárgarépa

10 friss spenótlevél, párolva

$1\frac{1}{2}$ csésze lucernacsíra

ÚTVONALAK

Keverje össze a szójaszószt, a mézet, a fokhagymát és a gyömbért. Adjunk hozzá tofut vagy tempeh-t; pácoljuk legalább 30 percig.

Keverjük össze a rizsecetet és a cukrot. Adjunk hozzá rizst, és keverjük hozzá a mogyoróhagymát és a szezámmagot; jól összekeverni.

Helyezzen egy nori lapot viaszos papírra. kanál keverék a nori közepén. Hajtsa be

55. Currys Tofu Pitas

4 szendvicset készít

ÖSSZETEVŐK

1 kilós extra kemény tofu, lecsepegtetve és szárazra törölve

1/2 csésze vegán majonéz, házi készítésű (lásdVegán majonéz) vagy boltban vásárolt

1/4 csésze apróra vágott mangó chutney, házi készítésű (lásdMango Chutney) vagy boltban vásárolt

2 teáskanál dijoni mustár

1 evőkanál forró vagy enyhe currypor

1 teáskanál só

1/8 teáskanál őrölt cayenne

1 csésze reszelt sárgarépa

2 zeller tarja, darálva

1/4 csésze darált vöröshagyma

8 kis bostoni vagy más puha salátalevél

4 (7 hüvelykes) teljes kiőrlésű pita, felezve

ÚTVONALAK

A tofut morzsoljuk össze, és tegyük egy nagy tálba. Adjuk hozzá a majonézt, a chutney-t, a mustárt, a curryport, a sót és a cayenne-t, és alaposan keverjük össze, amíg teljesen el nem keveredik.

Adjuk hozzá a sárgarépát, a zellert és a hagymát, és keverjük össze. 30 percre hűtőbe tesszük, hogy az ízek összeérjenek.

Helyezzen egy-egy salátalevelet minden pita zsebébe, kanalazzon tofukeveréket a saláta tetejére, és tálalja.

56. Hummus zöldség pakolás

Adagok 1 wrap

ÖSSZETEVŐK

1 ízesített pakolás vagy tortilla

1/3 csésze humusz

2 szelet uborka, hosszában felszeletelve

Maréknyi friss spenótlevél

Szeletelt paradicsom

1/4 avokádó, szeletelve

Friss lucerna vagy brokkoli csíra

Friss mikrozöldek

Kívánság szerint bazsalikomlevél

ÚTVONALAK

Terítse el a humuszt a csomagolás alsó 1/3-án, körülbelül 1/2 hüvelykre az alsó szélétől, de terítse szét az oldalsó széleket.

Rétegezzük az uborkát, a spenótleveleket, a paradicsomszeleteket, az avokádószeleteket, a kiöntőt, a mikrozöldeket és a bazsalikomot.

Szorosan hajtsa be a pakolást, akárcsak a burritót, az első tekercsnél az összes zöldséget belerakja, majd erősen a végéig tekerje. Vágjuk félbe és élvezzük.

57. Szivárványos zöldségpakolások

Adagok: 4

ÖSSZETEVŐK

4 (8 hüvelykes) többszemű tortilla vagy pakolás

1 csésze elkészített olíva humusz

2 uncia vékonyra szeletelt cheddar sajt

1 ⅓ csésze bébispenót

1 csésze szeletelt piros kaliforniai paprika

1 csésze brokkoli csíra

1 csésze vékonyra reszelt vörös káposzta

1 csésze sárgarépa

Zöld istennői öltözet a tálaláshoz

ÚTVONALAK

Minden tortillát megkenünk 1/4 csésze humusszal. Mindegyik tetejére tedd a Cheddar egynegyedét, a spenótot, a kaliforniai paprikát, a csírákat, a káposztát és a sárgarépát. Tekerje fel az egyes csomagokat.

Vágja fel a pakolásokat 1 hüvelykes körökre. Ízlés szerint mártogatós öntettel tálaljuk.

58. Quesadillák salsával

Főzési idő: 10 perc

Adagok: 6

ÖSSZETEVŐK

450 g univerzális liszt

3 evőkanál hideg zöldségleves

1 teáskanál só

2 teáskanál sütőpor

375 ml víz

384 g Monterey Jack sajt, reszelve

180 ml darabos salsa

2 zöldhagyma, szeletelve

2 evőkanál repceolaj

ÚTVONALAK:

1.Egy tálban összekeverjük a lisztet, a sót, a sütőport és a zöldségleveset. Jól keverjük össze a kezünkkel, amíg minden el nem keveredik.

2.Lassan vizet adunk hozzá és kézzel összegyúrjuk a tésztát.. A lisztnek fel kell szívnia a folyadékot, sima tésztát kell kapnia..

3.A tésztából golyókat formázunk, egyenként a tortillaprésbe tesszük. Nyomjuk meg a tortillákat.

4.Melegítsen elő egy öntöttvasat közepes lángon. Adja hozzá egyenként a tortillákat és süsse oldalanként körülbelül 30-40 másodpercig.

5. Helyezze a tortillákat sima felületre, és kenje meg a széleit vízzel.

6. Tegyünk 65 g sajtot, 1 evőkanál salsát és 2 teáskanál hagymát minden tortilla felére, majd hajtsuk össze és nyomkodjuk le.

7.Heat olajat egy serpenyőben, közepes enni. . A quesadillákat adagonként sütjük aranybarnára, majd salsával tálaljuk.

59. Bab és sajtos quesadilla

Főzési idő: 10 perc

Adagok: 6

ÖSSZETEVŐK

450 g univerzális liszt

473 g bab, sült

3 evőkanál hideg zöldségleves

120 ml Pace Picante szósz

256 g Monterey Jack sajt, reszelve

1 teáskanál só

2 teáskanál sütőpor

2 zöldhagyma, szeletelve

375 ml víz

ÚTVONALAK:

1.Egy tálban összekeverjük a lisztet, a sót, a sütőport és a zöldségleveset. Jól keverjük össze a kezünkkel, amíg minden el nem keveredik.

2.Lassan vizet adunk hozzá és kézzel összegyúrjuk a tésztát.. A lisztnek fel kell szívnia a folyadékot, sima tésztát kell kapnia..

3.A tésztából golyókat formázunk, egyenként a tortillaprésbe tesszük. Nyomjuk meg a tortillákat.

4.Melegítsen elő egy öntöttvasat közepes lángon. Adja hozzá egyenként a tortillákat és süsse oldalanként körülbelül 30-40 másodpercig.

5. Keverje össze a babot és a szószt egy tálban.

6. Helyezzen 6 tortillát két tepsire, és kenje meg a széleit vízzel.

7. Tegyünk 86 g babkeveréket, hagymát és sajtot minden tortilla felére, fedjük le a maradék tortillával, és nyomjuk le.

8.A sütőt 200 C-ra előmelegítjük és 9 percig sütjük.. Minden quesadillát 4 szeletre vágunk.. Forrón tálaljuk..

60. Marha Crunch

Főzési idő: 20 perc

Adagok: 6

ÖSSZETEVŐK

450 g univerzális liszt

128 g mexikói sajt, reszelve

3 evőkanál hideg zöldségleves

256 g saláta, felaprítva

1 teáskanál só

1 paradicsom, felkockázva

2 teáskanál 32 g darált koriander

sütőpor

1 lime, levében

375 ml víz

120 ml tejföl

0,5 kg darált marhahús

60 ml víz

64 g queso freskó

1 csomag taco fűszerezés

ÚTVONALAK:

1.Egy tálban összekeverjük a lisztet, a sót, a sütőport és a zöldségleveset. Jól keverjük össze a kezünkkel, amíg minden el nem keveredik.

2.Lassan vizet adunk hozzá és kézzel összegyúrjuk a tésztát.. A lisztnek fel kell szívnia a folyadékot, sima tésztát kell kapnia..

3.A tésztából golyókat formázunk, egyenként a tortillaprésbe tesszük. Nyomjuk meg a tortillákat.

4.Melegítsen elő egy öntöttvasat közepes lángon. Adja hozzá egyenként a tortillákat és süsse oldalanként körülbelül 30-40 másodpercig.

5.Melegítsen egy serpenyőt közepesen magas lángon 3 percig. Adja hozzá a marhahúst és főzze 9 percig, gyakran kevergetve. Adjon hozzá vizet, taco fűszereket és forralja 11 percig.

6. Tegye a tortillákat egy sima felületre, adjon hozzá 2 evőkanál quesót, 125 g marhahúst, 1 tostadat, kenje meg egy kis tejföllel a tostadat, adjon hozzá paradicsomot, koriandert, salátát, lime-ot és sajtot minden tortilla közepére. és zárd le a végeket..

7. Kenje ki a serpenyőt olajjal és tegyük közepes lángra.. Tegyünk egy felcsavart tortillát a serpenyőbe, és süssük aranybarnára. Tegyük ugyanezt a többi tortillával, tálaljuk.

61. Csirke pesto

Főzési idő: 5 perc

Adagok: 4

ÖSSZETEVŐK

450 g univerzális liszt

3 evőkanál hideg zöldségleves

1 teáskanál só

2 teáskanál sütőpor

375 ml víz

256 g főtt, kockára vágott csirke

4 evőkanál pesto

1 sárgarépa, vékonyra szeletelve

256 g friss bébispenót

1 piros kaliforniai paprika, szeletelve

ÚTVONALAK:

1.Egy tálban összekeverjük a lisztet, a sót, a sütőport és a zöldségleveset. Jól keverjük össze a kezünkkel, amíg minden el nem keveredik.

2.Lassan vizet adunk hozzá és kézzel összegyúrjuk a tésztát.. A lisztnek fel kell szívnia a folyadékot, sima tésztát kell kapnia..

3.A tésztából golyókat formázunk, egyenként a tortillaprésbe tesszük. Nyomjuk meg a tortillákat.

4.Melegítsen elő egy öntöttvasat közepes lángon. Adja hozzá egyenként a tortillákat és süsse oldalanként körülbelül 30-40 másodpercig.

5. Keverje össze a csirkét pestoval egy kis tálban.

6. Tegye a tortillákat sima felületre. Adjon hozzá 1/4 spenótot, 1/4 borsot, 1/4 sárgarépát és 1/4 csirkét minden tortilla közepébe. Tekerje fel és tálalja.

62. Őszibarack és tejszínes desszert taco

Főzési idő: 15 perc

Adagok: 6

ÖSSZETEVŐK

450 g univerzális liszt

3 evőkanál hideg zöldségleves

1 teáskanál só

2 teáskanál sütőpor

375 ml víz

2 érett őszibarack, szeletelve

113 g krémsajt

1 teáskanál vanília kivonat

128 g porcukor

1 ½ evőkanál nehéz tejszín

ÚTVONALAK

1.Egy tálban összekeverjük a lisztet, a sót, a sütőport és a zöldségleveset. Jól keverjük össze a kezünkkel, amíg minden el nem keveredik.

2.Lassan vizet adunk hozzá és kézzel összegyúrjuk a tésztát.. A lisztnek fel kell szívnia a folyadékot, sima tésztát kell kapnia..

3.A tésztából golyókat formázunk, egyenként a tortillaprésbe tesszük. Nyomjuk meg a tortillákat.

4.Melegítsen elő egy öntöttvas serpenyőt közepes lángon. Adja hozzá egyenként a tortillákat és süsse oldalanként körülbelül 30-40 másodpercig.

5.A krémsajtot egy tálban felverjük. Adjunk hozzá vaníliát és jól keverjük össze..

6.Hozzáadjuk a porcukrot és jól kikeverjük.. Adjuk hozzá a tejszínt és keverjük újra..

7.A keveréket rákanalazzuk a tortillára, és a tetejére rakjuk az őszibarackot. Tálaljuk..

63. Spenótos quesadilla

Kitermelés: 1 adag

HOZZÁVALÓ

1 apróra vágott zöldpaprika

1 apróra vágott hagyma

½ csokor apróra vágott spenót

1 doboz Öblített feketebab

½ csomag Taco fűszerezés (vagy kedvenc mexikói fűszerei)

ÚTVONALAK

Keverjen össze 1 apróra vágott zöldpaprikát, 1 apróra vágott hagymát, ½ csokor apróra vágott spenótot, 1 doboz kiöblített feketebabot és ½ pkg taco fűszert (vagy kedvenc mexikói fűszereit). Ha a keverék száraznak tűnik, adjon hozzá egy kevés bablevet.

Tegye a lisztes tortillákat egy tepsire. A sütilapomba 2 burrito vagy 3 kis tortilla fér... bármelyik méret jól működik. A zöldségkeveréket rákenjük a tortillára. Ízlés szerint megszórjuk sajttal.

Helyezze a sütilapot egy forró broiler alá, és álljon ott. Ne kóboroljunk el :) Ha a tortillák szélei kezdenek barnulni, húzzuk ki a sütilapot, és egy spatulával hajtsuk félbe mindegyiket. Tegye vissza a lapot a broiler alá egy percre, amíg a tortillák hólyagosodni és barnulni kezdenek. Vigyázz... ha a brojlered olyan, mint az enyém... kb 10 másodperc a nem teljesen késztől a feketére égettig. Húzza vissza őket, és fordítsa meg őket.

A másik oldalát megpirítjuk. Távolítsa el és vágja félbe vagy harmadba, hogy háromszögeket képezzen.

64. Vaddisznó kolbász quesadillas w red salsa

Kitermelés: 12 adag

HOZZÁVALÓ

2 csésze szeletelt vaddisznókolbász; hirtelen sült

2 evőkanál apróra vágott koriander

1 evőkanál Jalapeno; kicsírázva, kimagozva és apróra vágva

1 érett mangó vagy papaya; meghámozzuk, kimagozzuk és kis kockákra vágjuk

1 Poblano chili; pörkölt, szár, hámozott és vékony csíkokra vágva

1 mész; Juice of

3 csésze reszelt jack sajt

12 lisztes tortilla

3 evőkanál Növényi olaj

2 csésze kimagozott és apróra vágott friss szilvaparadicsom

1 csésze darált vöröshagyma

¾ csésze apróra vágott friss koriander

2 teáskanál darált jalapeno chili

2 evőkanál friss limelé

Só; megkóstolni

Őrölt feketebors; megkóstolni

ÚTVONALAK

Salsához: Keverje össze a paradicsomot, a hagymát, a koriandert és a jalapenót. Adjuk hozzá a lime levét, és alaposan keverjük össze. Sózzuk, borsozzuk. Tegye félre felhasználásig.

Quesadillához: Egy közepes tálban keverje össze az első hét hozzávalót, és keverje össze. Helyezzen hat lisztes tortillát egy tiszta vágódeszkára. Osszuk el a pulyka keveréket minden lisztes tortillára. A tetejére tesszük a maradék lisztes tortillát. Egy nagy serpenyőt vagy serpenyőt közepes lángra hozunk, és megkenjük kevés növényi olajjal. Helyezzen egy lisztes tortilla szendvicset egy serpenyőbe vagy rácsra, és süsse aranybarnára vagy körülbelül 4 percig. Egy spatulával szedje fel a lisztes tortilla szendvicset, hogy befejezze a főzést aranybarnára, vagy amíg a sajt megolvad. Vegye ki a serpenyőből vagy a rácsból, és helyezze a vágódeszkára. Hat szeletre vágjuk. Melegen tálaljuk paradicsomos salsával. Ismételje meg a főzési folyamatot minden tortillával.

65. Quesadilla lasagna

Kitermelés: 1 adag

HOZZÁVALÓ

1 16 uncia tekercs enyhe kolbász

1 8 uncia üveges vaskos salsa

1 csomag (1,5 oz) taco fűszerezés

1 tartály; (12 oz) túró

1 csomag (8 oz) reszelt mexikói stílusú sajt; megosztott

2 tojás; megverték

10 db 7 hüvelykes lisztes tortilla

1 doboz (4,5 oz) apróra vágott zöld chili; lecsapolt

1 doboz (2 1/4 oz) apróra vágott érett olajbogyó

1 doboz (2 1/4 oz) szeletelt érett olajbogyó

ÚTVONALAK:

Melegítsük elő a sütőt 350-re. Közepes serpenyőben barna kolbász közepesen magas lángon. Vegyük le a tűzről; zsírt leereszteni. Keverje hozzá a salsát és a taco fűszereket. Egy közepes tálban keverje össze a túrót, 1 csésze sajtot és a tojást.

Kenje ki a 13 x 9 tepsit, és helyezzen 8 tortillát a serpenyő alsó és felső oldalára.

A húskeverék felét és a túrós keverék felét kanalazd a tortillákra. Tegyünk két tortillát a tetejére, és kanalazzuk rá a maradék húskeveréket és a túrós keveréket. Megszórjuk zöld chilivel, olajbogyóval és a maradék sajttal. Alufóliával letakarva 350 fokon 45-50 percig sütjük. Fedjük le, és süssük tovább 5 percig, vagy amíg a sajt megpezsdül. Melegen tálaljuk.

66. Édesburgonyás quesadilla

Kitermelés: 4 adag

HOZZÁVALÓ

1½ csésze finomra vágott hagyma

2 gerezd fokhagyma; darált

Zöldség leves

4 csésze reszelt édesburgonya (kb. 3 burgonya) hámozva vagy hámozatlanul!

½ teáskanál szárított oregánó

1 teáskanál chili por

2 teáskanál őrölt kömény

1 csipet (nagylelkű) Cayenne

Só és bors ízlés szerint

1 csésze zsírmentes Cheddar sajt; reszelt; vagy szeleteket bármiből, ami elolvad

8 tortilla

ÚTVONALAK

A hagymát egy nagy, tapadásmentes serpenyőben kevés lében nagyon puhára pároljuk, szükség szerint hozzáadva a húslevest.

Adjunk hozzá fokhagymát és keverjük 30 másodpercig.

Adjunk hozzá több húslevest, reszelt édesburgonyát és fűszereket, és keverjük körülbelül 10 percig közepes lángon, amíg az édesburgonya megpuhul. Ez odafigyelést és több húslevest igényel, mivel az édesburgonya még a tapadásmentes felülethez is ragad. De ne legyünk túl erőteljesek a keveréssel, különben az édesburgonya pépes lesz.

Amikor megpuhult, győződjön meg róla, hogy az összes húsleves elpárolgott, és vegye le az édesburgonya keveréket a tűzről. Tegyünk 1-1 tortillát a 4 fém piteforma aljába, amelyek körülbelül akkora átmérőjűek, mint a tortillák. Osszuk el az édesburgonyás keveréket a serpenyők között, és tegyük rá a sajtot. Fedjük be a maradék tortillákkal és nyomkodjuk le erősen. Süssük 425 F.-on körülbelül 10-12 percig, amíg a teteje el nem kezd barnulni, és a tortillák ropogósak lesznek. Spatulával kivesszük a piteformákból, és szeletekre vágva tálaljuk. 4-et szolgál ki.

67. Paradicsomos és sajtos quesadilla

Hozam: 16 ék

HOZZÁVALÓ

1 csésze kimagozott, kockára vágott szilvaparadicsom

2 evőkanál apróra vágott friss koriander vagy petrezselyem

1 Jalapeno paprika, darálva

1 evőkanál darált vörös- vagy zöldhagyma

1 evőkanál friss limelé

Só ízlés szerint

4 lisztes tortilla (9-10 hüvelyk)

1 csésze reszelt extra régi cheddar sajt

Olivaolaj

Tejföllel és apróra vágott zöldhagymával

ÚTVONALAK

Egy tálban keverje össze a paradicsomot, a koriandert, a jalapenót, a hagymát, a lime levét és a sót.

Rendezzük el a tortillákat a munkafelületen, és kanalazzuk a paradicsomkeveréket minden tortilla felére. Megszórjuk sajttal. Hajtsa rá a tortilla sima felét a töltelékre, és óvatosan nyomja le, hogy lezárja. Enyhén megkenjük olívaolajjal, és zsírozott grillre helyezzük közepesen magas lángon.

Mindkét oldalát kb. 4 percig sütjük, vagy amíg meg nem pirul és ropogós lesz. Mindegyiket 4 szeletre vágjuk, és tejföllel és zöldhagymával díszítjük.

68. Padlizsán, lilahagyma és kecskesajtos quesadilla

Kitermelés: 4 adag

HOZZÁVALÓ

4 Lilahagyma keresztben szeletelve; 1/4 hüvelyk vastag

4 hosszában szelet padlizsán; hámozatlan, 1/4 hüvelyk ; vastag

Három; (6 hüvelykes) lisztes tortilla

¼ csésze reszelt Monterey Jack

1½ csésze morzsolt kecskesajt

Só és frissen őrölt bors

1 evőkanál olívaolaj

ÚTVONALAK

Készítsen elő egy faszén előlapot, és hagyja parázsig leégni, vagy melegítse elő a brojlert. Melegítsük elő a sütőt 450 F-ra.

Az olívaolajon megforgatjuk a padlizsánt és a lilahagymát, majd sózzuk, borsozzuk. A hagymaszeleteket mindkét oldalon 2 percig, a padlizsánt pedig 1 és fél percig grillezzük. Tegye félre. Helyezzen 2 tortillát egy kiolajozott tepsire. Mindegyikre rákenjük a sajtok felét, a padlizsánt és a hagymát, és ízlés szerint sózzuk, borsozzuk. Halmozzuk fel a 2 réteget, és fedjük be a maradék tortillával.

Eddig a pontig előre elkészíthető és lehűthető. Süssük 8-12 percig, vagy amíg a tortillák kissé ropogósak és a sajt megolvad.

Vágjuk negyedekre és forrón tálaljuk.

DIPS

69. Aszalt paradicsom Spread

ÖSSZETEVŐK

Két evőkanál előfőzött nagy fehér bab

1/2 csésze dió

Tíz szelet szárított paradicsom

Egy evőkanál olívaolaj vagy tetszés szerint más olaj

Két evőkanál tökmag

Egy gerezd fokhagyma

Friss bazsalikom, gyógynövényes só és bors vagy más ízlés szerinti fűszerek

ÚTVONALAK

A hozzávalókat turmixgépben összedolgozzuk, és simára és krémesre turmixoljuk.

70. Hummus álmok

ÖSSZETEVŐK

1 csésze előfőzött csicseriborsó

1/2 csésze dió

1 teáskanál tahini (szezámmassza)

1 teáskanál kömény

1 teáskanál fehérborecet

Só, bors

Friss spárga öntetnek

ÚTVONALAK

A hozzávalókat turmixgépben összedolgozzuk, és simára és krémesre turmixoljuk.

71. Quesadilla szósz / mártogatós

3 fő

5 perc

ÖSSZETEVŐK

1/2 csésze majonéz

2 ek tejszín

2 teáskanál Jalapeño (darált)

2 teáskanál jalapeño lé

2/3 cukor

1/2 teáskanál kömény pörkölt

1/2 teáskanál paprika

1/8 teáskanál fokhagyma por

Só ízlés szerint

ÚTVONALAK

Vegyünk egy tálat, és tegyünk bele majonézt. Adjunk hozzá cukrot és paprikát

Ezután pirított őrölt kömény fokhagymaporral és sóval. Keverjük össze és adjunk hozzá egy kevés tejszínt.

Majd a végén adjuk hozzá az apróra vágott vagy darált jalapeñot jalapeño vízzel. Jól keverjük össze

Kenjük rá a quesadilla tortillára, valamint tálaljuk vele. (lásd a receptet)

72. Rumos alma töltelék

2 csésze (480 g)

ÖSSZETEVŐK

4 csésze (600 g) durvára vágott alma, meghámozva és kimagozva

3 evőkanál (45 ml) víz

2 evőkanál (28 g) vaj

1 teáskanál fahéj

1/3 csésze (67 g) cukor

1/3 csésze (50 g) sötét mazsola

1 evőkanál (8 g), plusz 1 teáskanál kukoricakeményítő

2 evőkanál (28 ml) rum vagy narancslé

ÚTVONALAK

1 Egy közepes serpenyőben, közepes lángon keverje össze az almát, a vizet, a vajat, a fahéjat és a cukrot.

2 Keverjük össze és főzzük, hogy a cukor feloldódjon. Amikor a cukor feloldódott és a keverék buborékol, csökkentse a hőt. Belekeverjük a mazsolát.

3 Lefedve, időnként megkeverve pároljuk 5 percig, vagy amíg az alma megpuhul.

4 Egy kis edényben keverje össze a kukoricakeményítőt és a rumot vagy a narancslevet. Keverjük hozzá az almához, és

főzzük körülbelül 1 percig, vagy amíg az alma megpuhul és besűrűsödik. Tegye félre a tűzről, és hűtse le teljesen, mielőtt a lisztes tortilla „Empanadas" töltésére használná. A tetején Crème Anglaise.

73. Sütőtök töltelék

2 csésze (480 g)

ÖSSZETEVŐK

1 doboz (15 uncia vagy 425 g) szilárd csomagolású sütőtök (nem sütőtökös pite töltelék)

2 evőkanál (30 g) barna cukor

1 teáskanál őrölt fahéj

ÉDESburgonya töltelék

2 csésze (480 g)

2 csésze (656 g) édesburgonyapüré, frissen sült vagy konzerv

1 evőkanál (15 g) barna cukor

1 teáskanál őrölt fahéj

ÚTVONALAK

1 Egy közepes tálban elektromos keverővel keverje össze a sütőtököt, a barna cukrot és a fahéjat, amíg a barna cukor fel nem oldódik, és a hozzávalókat jól összekeverik.

2 Empanadák kitöltésére használja. A tetejére Cajeta vagy Dulce de Leche.

1 Egy közepes tálban elektromos keverővel turmixold össze az édesburgonyát, a barna cukrot és a fahéjat, amíg a barna cukor fel nem oldódik, és a hozzávalókat jól összekeverik.

2 Empanadák kitöltésére használja. Tetejét ananászszósszal.

74. Édes mascarpone

1 csésze (225 g)

ÖSSZETEVŐK

8 uncia (225 g) mascarpone vagy krémsajt

1/2 csésze (100 g) cukor

1 vagy 2 evőkanál (15-30 g) görög joghurt

ÚTVONALAK

1 Egy közepes tálban keverjük össze a mascarponét vagy a krémsajtot és a cukrot.

2 Elektromos keverővel keverje össze a sajtot és a cukrot. A krémsajt hígításához szükség szerint adjunk hozzá görög joghurtot, hogy elérjük a kívánt állagot.

3 Verjük habosra. Tálalásig hűtőbe tesszük.

75. Crème anglise

2 csésze (480 g)

ÖSSZETEVŐK

3/4 csésze (175 ml) teljes tej

3/4 csésze (175 ml) tejszín

4 tojássárgája

4 evőkanál (52 g) cukor

2 teáskanál tiszta vanília kivonat

ÚTVONALAK

1 Egy közepes serpenyőben, lassú tűzön keverje össze a tejet és a tejszínt. Melegítsük 5 percig, vagy amíg a folyadék forrni kezd, és a buborékok éppen meg nem törik a felületet. Levesszük a tűzről.

2 Egy közepes tálban keverje össze a tojássárgáját és a cukrot 2 percig, vagy amíg a cukor feloldódik és a keverék világossárga nem lesz.

3 Folyamatos keverés mellett fokozatosan keverjük a sárgájához a forró tejes keveréket. Tegye vissza a keveréket a serpenyőbe alacsony lángon.

4 Főzzük és keverjük 5 percig, vagy amíg a puding besűrűsödik és bevonja a kanál hátát. Ne forraljuk.

5 Vegyük le a tűzről. Belekeverjük a vaníliát. Hagyjuk kissé kihűlni.

6 Öntse a folyadékot egy finom szűrőn keresztül egy szoros fedeles edénybe. Fedjük le és hűtsük le. Hűtve tálaljuk.

76. Mexikói karamell szósz

1 1/2 csésze (360 g)

ÖSSZETEVŐK

4 csésze (946 ml) teljes kecske- vagy tehéntej

11/4 csésze (250 g) cukor

1/2 teáskanál szódabikarbóna

1 teáskanál tiszta vanília kivonat (minősített mexikói vanília, ha elérhető)

ÚTVONALAK

1 Egy közepes méretű serpenyőben, közepes lángon keverje össze a tejet, a cukrot és a szódabikarbónát.

2 Főzzük, időnként megkeverve hőálló spatulával vagy fakanállal, amíg a cukor fel nem oldódik, és a tej habos és könnyű lesz, körülbelül 15 percig.

3 Folytassa a főzést enyhe lassú tűzön, gyakran megkeverve és az edény oldalát kaparva. Főzzük körülbelül 45 perctől 1 óráig, vagy amíg a keverék besűrűsödik és aranyszínűvé nem válik.

4 Folyamatos keverés közben folytassa a főzést, amíg a keverék sűrű nem lesz. Elég ragacsosnak kell lennie ahhoz, hogy amikor egy spatula megkaparja az edény alját, egy „nyom" 1 másodpercig nyitva maradjon. Levesszük a tűzről. Belekeverjük a vaníliát.

5. Tegye egy hőálló, széles szájú edénybe. Ezt legfeljebb 3 hónapig lehet hűtőszekrényben tárolni. Óvatosan melegítse újra úgy, hogy az edényt forró, nem forrásban lévő vízbe helyezi.

77. Ananász szósz

2 csésze (280 g)

ÖSSZETEVŐK

2 csésze (330 g) durvára vágott friss ananász vagy 1 doboz (20 uncia vagy 560 g) zúzott ananász

3 evőkanál (42 g) vaj

2 evőkanál (26 g) turbinado vagy kristálycukor

1/2 teáskanál tiszta vanília kivonat

Csipet só

ÚTVONALAK

1 Egy közepes serpenyőben, közepes lángon keverje össze az ananászt, a vajat és a cukrot.

2 Keverjük össze és főzzük, hogy a cukor feloldódjon. Amikor a cukor feloldódott és a keverék buborékol, csökkentse a hőt. Időnként megkeverve pároljuk 5 percig, vagy amíg a szósz besűrűsödik és szirupos lesz.

3. Hozzákeverjük a vaníliát és a sót.

4 Melegen vagy szobahőmérsékleten tálaljuk.

78. Gyümölcs pico

4 csésze (560 g)

ÖSSZETEVŐK

1 pint (340 g) eper hántolt és durvára vágva, 2 csésze elkészítéséhez

1 őszibarack vagy mangó meghámozva és apróra vágva, 1 csésze (175 g) elkészítéséhez

1 Granny Smith alma hámozatlanul és apróra vágva, 1 csésze (125 g) elkészítéséhez

1 teáskanál citromlé

ÚTVONALAK

1 Egy közepes tálban keverje össze az apróra vágott epret, az őszibarackot vagy a mangót és az almát.

2. Dobd össze. Keverjük hozzá a citromlevet. Tálalásig hűtsük le.

79. Az avokádó szerelem

ÖSSZETEVŐK

Egy avokádó

Két evőkanál frissen facsart citromlé

Só, bors

Egy csipet fekete só a tojás ízéhez (opcionális)

ÚTVONALAK

A hozzávalókat turmixgépben összedolgozzuk, és simára és krémesre turmixoljuk.

80. Pimiento kenhető szendvics töltelékhez

Kitermelés: 2 adag

HOZZÁVALÓ

½ csésze tofu

2 evőkanál Olaj

2 evőkanál almaecet

1 evőkanál cukor

1½ teáskanál Só

⅛ teáskanál fekete bors

csipet fokhagyma por

1 font kemény tofu; összeomlott

3 evőkanál édes savanyúság íze

½ csésze Pimientos; lecsöpögtetjük és felaprítjuk

ÚTVONALAK

Keverje össze az első 7 hozzávalót egy turmixgépben, és turmixolja simára és krémesre.

Egy tálban keverjük össze a többi hozzávalóval. A legjobb, ha egy éjszakán át hűtőbe tesszük.

81. Tofu szendvics kenhető

Kitermelés: 4 adag

HOZZÁVALÓ

10 uncia kemény tofu

½ zöld kaliforniai paprika; felkockázva

1 szárzeller; felkockázva

1 sárgarépa; lereszelve

4 apró zöldhagyma; szeletelt

1 evőkanál petrezselyem

1 evőkanál kapribogyó

2 evőkanál tofu alapú majonéz helyettesítő

1 evőkanál elkészített mustár

½ teáskanál friss citromlé

¼ teáskanál bors

¼ teáskanál kakukkfű

ÚTVONALAK

Keverje össze az összes hozzávalót, és tálalja kedvenc kenyerére csírával, paradicsommal és uborkával.

82. Vega szendvics kenhető

Kitermelés: 1 adag

HOZZÁVALÓ

1 csomag Kemény tofu

½ csésze szója majonéz

1 db zöldhagyma felkockázva

1 db zöld kaliforniai paprika kockára vágva

1-1 zellerszár, apróra vágva

¼ csésze napraforgó vagy szezámmag

1 evőkanál szójaszósz

1 teáskanál Curry por

1 teáskanál kurkuma

1 teáskanál fokhagyma por

ÚTVONALAK

A tofut villával morzsoljuk össze. Adjuk hozzá a többi hozzávalót és jól keverjük össze.

Kekszre vagy kenyérre tálaljuk.

83. Indiai lencse terjed

Kitermelés: 2 adag

HOZZÁVALÓ

1 csésze főtt lencse

4 gerezd fokhagyma; sajtolt

2 teáskanál őrölt koriander

1 teáskanál őrölt kömény

½ teáskanál őrölt kurkuma

½ teáskanál chili por

½ teáskanál őrölt gyömbér

ÚTVONALAK

Keverje össze az összes hozzávalót egy kis serpenyőben. Lassú tűzön, időnként megkeverve, óvatosan főzzük 5 percig, hogy az ízek összeérjenek.

Hűtsük le 1 órát.

84. Csicseriborsós szendvicskrém

Kitermelés: 4 adag

HOZZÁVALÓ

1 csésze csicseriborsó; főtt

Fokhagyma por ízlés szerint

3 evőkanál olasz salátaöntet

Só és bors ízlés szerint

ÚTVONALAK

A csicseriborsót villával pépesítjük, és fűszerezzük.

Pirított teljes kiőrlésű kenyérre tálaljuk salátával és paradicsomszeletekkel.

85. Curry bab kenhető

Kitermelés: 8 adag

HOZZÁVALÓ

¾ csésze víz

1 hagyma; finomra vágott

1 csésze kockára vágott zeller

1 zöld kaliforniai paprika; felkockázva

½ csésze kockára vágott sárgarépa

2 Cl Fokhagyma; darált

2½ teáskanál Curry por

½ teáskanál őrölt kömény

1 evőkanál szójaszósz

3 csésze főtt fehér bab

ÚTVONALAK

Öntsük a vizet egy serpenyőbe, és adjuk hozzá az összes zöldséget és a fokhagymát.

Időnként megkeverve főzzük 15 percig. Keverje hozzá a curryport, a köményt és a szójaszószt, majd jól keverje össze.

Levesszük a tűzről. Adjuk hozzá a babot; jól összekeverni. Helyezze a keveréket aprítógépbe vagy turmixgépbe, és rövid ideig dolgozza fel, amíg fel nem vágja, de ne pürésítse. Hideg.

86. Saláta szendvicsre kenhető

Hozam: 4

ÖSSZETEVŐK

4 fél napon szárított paradicsom

1 – [15,5 oz. doboz] csicseriborsó, lecsepegtetve és leöblítve

1 teáskanál sárga mustár

1 ½ teáskanál forró szósz

½ teáskanál folyékony füst

1 teáskanál tahini

½ teáskanál tiszta juharszirup

1 ½ teáskanál csökkentett nátriumtartalmú tamari

½ teáskanál fokhagymapor

¼ teáskanál hagymapor

¾ teáskanál füstölt paprika

½ teáskanál tengeri só

¼-½ csésze savanyúság íze

Ötletek tálalása:

Reszelt saláta

Szeletelt paradicsom

Pirított kenyér (vagy csomagolás)

Savanyúság vagy savanyúság

ÚTVONALAK

Helyezze a fél napon szárított paradicsomot egy kis tálba, öntse fel forrásban lévő vízzel, és hagyja állni 5 percig, hogy megpuhuljon. 5 perc elteltével távolítsa el a megpuhult aszalt paradicsom feleket (öntse el a vizet), vágja apróra, és tegye egy robotgépbe.

Tegye az összes többi hozzávalót egy konyhai robotgépbe. Pörgessen néhányszor, amíg az összes összetevő egyenletesen el nem oszlik.

Opcionális: Keverje hozzá a lecsepegtetett savanyúság ízét vagy az apróra vágott savanyúságot.

Kóstolja meg és állítsa be az összetevőket a személyes preferenciáknak megfelelően.

Pirított kenyérre vagy szeletre vágott salátával, szeletelt paradicsommal csomagolva tálaljuk.

87. Tofuna szendvics kenhető

ÖSSZETEVŐK

8 uncia csomag sült tofu

1/2 csésze vegán majonéz, vagy tetszés szerint

1 nagy zellerszár, apróra vágva

1 mogyoróhagyma (csak zöld rész), vékonyra szeletelve

2 evőkanál tápláló élesztő

ÚTVONALAK

Kezével a tofut finomra morzsoljuk egy keverőtálba. Vagy törheti a tofut néhány darabra, tedd egy konyhai robotgépbe, és pulzáld be és ki, amíg finomra és egyenletesre nem aprítod, majd tedd át egy keverőtálba.

Adjuk hozzá a majonézt és a zellert. Keverjük össze alaposan. Keverje hozzá az opcionális összetevők egyikét vagy mindkettőt. Tegye át egy kisebb adagolóedénybe, vagy tálalja közvetlenül a keverőedényből.

88. Koriander szósz

Kitermelés: 3 csésze

HOZZÁVALÓ

2 közepes hagyma, negyedelve

5 gerezd fokhagyma

1 zöld kaliforniai paprika,

Magozva, kimagozva, felkockázva

12 Cachucha paprika

A száras és magvas ill

3 evőkanál kockára vágott piros kaliforniai paprika

1 csokor koriander

Mosott és száras

5 korianderlevél

1 teáskanál szárított oregánó

1 csésze extra szűz olívaolaj

$\frac{1}{2}$ csésze vörösbor ecet

Só, bors

ÚTVONALAK

A hagymát, fokhagymát, paprikát, koriandert és oregánót aprítógépben pürésítjük. Hozzáadjuk az olívaolajat, az ecetet, a sót és a borsot, és simára pürésítjük.

Javítsa ki a fűszerezést, ízlés szerint adjon hozzá több sót vagy ecetet.

Tegye át a szószt tiszta üvegedényekbe. Hűtve több hétig eláll.

89. Mexikói zöld sofrito

Kitermelés: 1 csésze

HOZZÁVALÓ

2 evőkanál olívaolaj

1 kis hagyma

Finomra vágva (1/2 csésze)

1 csokor mogyoróhagyma, vágva

Finomra vágott

4 gerezd fokhagyma, darálva

1 zöld kaliforniai paprika

Magozott, magozott

Finomra vágott

$\frac{1}{4}$ csésze koriander, apróra vágva

4 Culentro levél

Finomra vágva (opcionális)

$\frac{1}{2}$ teáskanál só vagy ízlés szerint

Fekete bors ízlés szerint

ÚTVONALAK

Egy tapadásmentes serpenyőben hevítsük fel az olívaolajat. Adjuk hozzá a hagymát, a mogyoróhagymát, a fokhagymát és a kaliforniai paprikát.

Közepes lángon puhára és áttetszőre, de nem barnára főzzük kb. 5 percig, fakanállal kevergetve.

Keverje hozzá a koriandert, petrezselymet, sót és borsot. főzzük a keveréket egy-két percig tovább. A fűszerezést javítsuk, ízlés szerint sózzuk, borsozzuk.

Tegye át egy tiszta üvegedénybe. Hűtve akár 1 hétig is eláll.

90. Mexikói stílusú sertésdörzsölő

Kitermelés: 1 adag

HOZZÁVALÓ

2 evőkanál kömény; talaj

2 evőkanál fokhagyma; darált

2 evőkanál koriander; frissen, durvára vágva

2 evőkanál fekete bors; frissen repedt

2 evőkanál Só

2 evőkanál fehér ecet

2 evőkanál sárga mustár

2 evőkanál Jalapeno bors; darált

2 evőkanál olívaolaj

ÚTVONALAK

Keverje össze az összes hozzávalót és jól keverje össze. Felhasználása az elkészítést követő két napon belül.

Dörzsölje be a sertéscsikket fűszerkeverékkel, és füstölje fontonként 1,5 órán át 240-250 F-on.

91. Növényi mártogatós

Kitermelés: 12 adag

HOZZÁVALÓ

1 csésze majonéz

1 csésze tejföl

¼ teáskanál fokhagyma por

1 teáskanál petrezselyempehely

1 teáskanál fűszerezett só

1½ teáskanál kapormag

ÚTVONALAK

Keverjük össze az összes hozzávalót és hűtsük le. A legjobban elkészített nap.

Nyers zöldségekkel tálaljuk: zeller, sárgarépa, uborka, kaliforniai paprika, karfiol stb.

92. Vallarta mártogatós

Hozam: 16 adag

HOZZÁVALÓ

6½ uncia tonhalkonzerv -- lecsöpögtetve

1 zöldhagyma - szeletelve

3 evőkanál forró chile salsa

4 evőkanál majonéz

8 szál koriander, vagy ízlés szerint

Citrom vagy lime lé

Só ízlés szerint

Tortilla chips

ÚTVONALAK

Egy tálban keverjük össze a tonhalat, a hagymát, a salsát, a majonézt és a koriandert. Ízlés szerint citromlével és sóval ízesítjük; ízlés szerint módosítsa a többi fűszert. Chipsszel tálaljuk.

Vágja fel a zöldhagymát 1 hüvelykes hosszúságúra, és tegye acélpengével felszerelt feldolgozóba. Adjunk hozzá koriander ágakat, és dolgozzuk 3-5 másodpercig. Adjunk hozzá tonhalat, salsát, majonézt, citromlevet és sót; pulzáljon néhányszor a kombináláshoz.

Kóstolja meg, állítsa be a fűszerezést, és párolja még egyszer-kétszer.

Tálalás előtt körülbelül 30 perccel vegyük ki a hűtőből.

93. Friss fűszernövényes paradicsom-kukorica salsa

Körülbelül 31/2 CSÉSZÉRE KÉSZÜL

ÖSSZETEVŐK

6,10 uncia csomag fagyasztott kukorica ill

4 szem friss kukorica, a kalászról vágva

1 nagy érett paradicsom kockára vágva

1/2 közepes vöröshagyma apróra vágva

1 jalapeño paprika kimagozva és felkockázva

3 evőkanál balzsamecet

2 evőkanál apróra vágott friss bazsalikom

2 evőkanál apróra vágott friss koriander

tengeri só ízlés szerint

ÚTVONALAK

Az egészet egy nagy tálba tesszük és jól összekeverjük.

Hagyjuk állni 1 órát szobahőmérsékleten vagy hűtőben, hogy az ízek összeérjenek.

94. Fehér bab Guacamole

Körülbelül 3 csésze lesz belőle

ÖSSZETEVŐK

2 enyhén csomagolt csésze durvára vágott/szeletelt érett avokádó

1 csésze fehér bab 1/2 teáskanál tengeri só

2-21/2 evőkanál citromlé

Víz, tetszés szerint hígítjuk

ÚTVONALAK

Az avokádót, a fehér babot, a tengeri sót, a citromlevet és a vizet aprítógépbe vagy turmixgépbe tesszük, és simára turmixoljuk.

Ízlés szerint sóval és/vagy citromlével ízesítjük.

95. Édes-savanyú sült paprika

Körülbelül 2 csésze lesz belőle

ÖSSZETEVŐK

3 piros kaliforniai paprika vagy 2 piros és 1 sárga kaliforniai paprika

Körülbelül 2 evőkanál enyhe fehérbor vagy vörösborecet

1 gerezd fokhagyma apróra vágva

1 teáskanál cukor Só

ÚTVONALAK

Nyílt lángon, gáztűzhely tetején, vagy a broiler alatt megpirítjuk a paprikát.
Helyezze a paprikát a hőforrás közelébe, és forgassa meg őket főzés közben, hogy egyenletesen elszenesedjen.
A paprikát levesszük a tűzről, és műanyag zacskóba vagy tálba tesszük. Zárja le vagy fedje le szorosan, és hagyja gőzölni legalább 30 percig; a gőz elválasztja a héjat a paprika húsától. A paprika akár egy éjszakára is a zacskójukban vagy tálukban maradhat.
Hámozza le és dobja le a fekete paprika héját, majd távolítsa el a szárát és a magjait. Öblítse le a fekete elszenesedett anyag apró darabkáit a húsból úgy, hogy folyó víz alá helyezi, és ide-oda dörzsöli. Néhány elfeketedett bőrfolt, valamint a hámozatlan paprika részei rendben vannak.

Szeleteljük fel a paprikát, és tegyük egy tálba az ecettel, a fokhagymával, a cukorral, egy nagy csipet sóval és körülbelül 1 evőkanál vízzel. Fedjük le szorosan, és hűtsük legalább egy napig.

96. Chutney-curry mustár

½ csészét készít

ÖSSZETEVŐK

¼ csésze enyhe dijoni vagy teljes kiőrlésű mustár 1 csésze mangó chutneyval

½ teáskanál curry por

ÚTVONALAK

Mindent kombinálni.
Élvezd.

97. Mustár medvehagymával és metélőhagymával

¼ csészét tesz ki

ÖSSZETEVŐK

¼ csésze enyhe dijoni mustár

1-2 medvehagyma, finomra vágva

2 evőkanál apróra vágott friss metélőhagyma

ÚTVONALAK

Mindent kombinálni.
Élvezd.

98. Friss gyömbér mustár

Körülbelül ¼ csészét tesz ki

ÖSSZETEVŐK

2 evőkanál enyhe dijoni mustár
2-3 evőkanál teljes kiőrlésű mustár
1-2 teáskanál frissen reszelt hámozott gyömbér ízlés szerint

ÚTVONALAK

Mindent kombinálni.
Élvezd.

99. Napfényes mustár citrusokkal

Körülbelül ¼ csészét tesz ki

ÖSSZETEVŐK

¼ csésze enyhe dijoni mustár

½ teáskanál finomra reszelt citrom vagy lime héja

1-2 teáskanál friss citrom- vagy limelé

ÚTVONALAK

Mindent kombinálni.
Élvezd.

KÖVETKEZTETÉS

Bár nehéz hibázni ezzel az étellel, még ha a legalapvetőbb formában is, ezek a quesadilla receptek a legjobbak a legjobbak között.

A garnélarákos ceviche quesadilláktól a sült paradicsommal és almás salsával készült steak quesadilláig, valamint a sütőtök, alma és karamellizált hagymás quesadillákig ezek a receptek örökre beépítik a quesadillát mexikói ételei közé.

Élvezd!

www.ingramcontent.com/pod-product-compliance
Lightning Source LLC
Chambersburg PA
CBHW070642120526
44590CB00013BA/827